GERMAN FOR BUSINESS

Norman Paxton
MA MLitt MEd PhD

and

Anthony R Whelan
BA BEd MRIN

HODDER AND STOUGHTON
LONDON   SYDNEY   AUCKLAND   TORONTO

Acknowledgments

It is a pleasure to record our indebtedness to the many sources of help we have been able to draw upon in the preparation of this book: firstly to staff and students at Halesowen College of Further Education, by whom our material was tested with evident enjoyment and appreciation; to Alfa-Laval Agrar GmbH and Salter Industrial Measurement Ltd. for permission to reproduce an order form; to the staff of the Head Post Office in Lippstadt, who on one occasion actually did explain the telephone system as patiently as the character in the book; and to Dr Hansheinrich Lödel, Sektion Deutsch als Fremdsprache of the Komitee für den Sprachunterricht in der DDR for hunting out GDR material which, we hope, will go some way towards lessening the excessive concentration on FRG topics which characterises other textbooks. Our chief thanks, however, go to Fräu Regina Bahr, who patiently and meticulously checked all the material at every stage and made many invaluable suggestions. Finally we should like to record our deep indebtedness to Mr Arthur Salmon, who read the proofs with expert care.

Thanks are also due to the following for kind permission to reprint the original extracts in the background section: *Leipziger Messejournal* (1) British Tourist Authority (2) *Freundin*, Burda Verlag, Munchen (3) and *Stern* (5,6 and 7), and to the following for permission to reproduce cartoons: ALI Press Agency (pp. 10, 31, 52, 85, 88) and *Stern* (p. 12).

A cassette tape is available to accompany this book. The tape includes extension listening material and can be ordered through your bookseller, quoting ISBN 0 340 37163 3

438·81
PAX

ISBN 0 340 37160 9

First published 1986
Third impression 1989

Printed in Great Britain
for Hodder and Stoughton Educational
a division of Hodder and Stoughton Ltd, Mill Road
Dunton Green, Sevenoaks, Kent by
Page Bros (Norwich) Ltd

Contents

Preface

This course is intended for students with at least a CSE knowledge of German, who are preparing either for an examination such as an AO level German for Business Studies or are attending a course in German at a Polytechnic, College of Further Education or Evening Institute, whether part-time or full-time. It is self-contained, requiring no ancillary material, and aims to provide the student not only with a thorough command of the basic forms of language used for business communication in German but also with an adequate nucleus of information about German society and institutions today. It claims no exhaustive coverage of grammar: while an elementary acquaintance with the commonest declensions and conjugations is assumed, the chief points concerning, for example, adjective endings and the use of tenses are fully presented for revision purposes and thoroughly drilled in the exercises, and in addition such grammatical features as arise in the course of a business-oriented series of texts are explained and practised.

The eighteen chapters are of even length and consistent layout, beginning with a short dialogue followed by eight varied exercises and ending with a grammar and 'useful expressions' section, with the exception of the chapters on business correspondence and the use of the telephone, which receive fuller treatment as befits their importance in any business syllabus. Factual information is given on various areas of Germany as well as on trade fairs, business dealings, travel, politics, economics and job applications and adverts. There are sample texts of news bulletins and weather forecasts (of which more will be found on the accompanying tape) and the course is completed by a selection of background texts which provide a high level of overlap with the language content of the corresponding chapters as well as a considerable amount of additional factual information.

In preparing the tape to accompany 'German for Business', we rejected the idea of recording the dialogues verbatim. Instead, the basic dialogue from the book was amplified, existing situations were developed and new scenes were introduced. This, we think, will make the tape more interesting, while extending the vocabulary and providing the opportunity for extra teaching. The tape contains some words which are not in the book. With the words already given, however, and judicious use of a dictionary, students will be able to expand their vocabulary. Diligent study of the tape should give the student much more confidence in the use of commercial and business German.

We do not presume to offer detailed advice to teachers on the use of this course: FE students and teachers by whom our material has been tested have found it extremely adaptable in a great variety of ways. The vocabulary at the end of the book includes all words in Chapters 1–18 which are not among the 2,000 words most frequently occurring in modern German. Our chief hope is to have provided in the dialogues the authentic tone of spoken German while enabling the student, both by carefully constructed and varied exercises and by clear explanations and interesting background texts, to acquire a sound command of the language and a useful knowledge of the German-speaking countries.

LANG	—Ich sehe an Ihrer Mappe, daß Sie die Firma Brinkmann vertreten. Fliegen Sie zur Frankfurter Messe?
HELLER	—Ja, und zwar zum ersten Mal. Sie auch?
LANG	—Ich auch, aber es ist schon mein vierter Besuch. Darf ich mich vorstellen? Thomas Lang. Ich bin bei der Firma Lamm.
HELLER	—Freut mich sehr. Peter Heller. Ich bin beauftragt, unsere Firma mit ihren Werkzeugmaschinen zu vertreten.
LAUTSPRECHER	—Guten Morgen, meine Damen und Herren. Im Namen des Kapitäns Decker und seiner Besatzung begrüßen wir Sie auf diesem Lufthansaflug nach Frankfurt. Unsere Flugzeit beträgt etwa anderthalb Stunden. Wir wünschen Ihnen einen angenehmen Flug.
LANG	—Mein Gebiet ist die Elektrotechnik: wir liefern vielerlei Bestandteile an verschiedene Autofabrikanten. Darf ich fragen, wer sind denn Ihre Kunden?
HELLER	—Ich habe eine ziemlich lange Liste, aber ich kenne noch keinen persönlich. Es wird überhaupt mein erster Besuch in der Bundesrepublik sein.
LANG	—Sind Sie schon lange bei Brinkmann?
HELLER	—Seit acht Jahren – ich habe gleich nach dem Hochschulabschluß als Forschungsarbeiter angefangen und habe nachher dreieinhalb Jahre im Produktionssektor verbracht.

. . . .

LAUTSPRECHER	—Meine Damen und Herren, in einigen Minuten werden wir in Frankfurt landen. Wir bitten Sie, sich anzuschnallen, bis das Flugzeug zum Stillstand gekommen ist, und das Rauchen einzustellen, bis Sie im Flughafengebäude sind.
HELLER	—Wie lange sind Sie denn schon bei Lamm?
LANG	—Fast siebeneinhalb Jahre. Ich war früher bei Alexander und Marks, aber nur ungefähr eineinhalb Jahre – die Aufstiegschancen waren da nicht so günstig.
HELLER	—Genau! und ich habe sogar neulich gehört, daß A und M vielleicht bald pleite gehen.
LANG	—Ach, man hört allerlei dummes Zeug darüber. So schlimm wird es wohl nicht sein. Diese Gerüchte stehen meines Erachtens in keinerlei Beziehung zur wirklichen finanziellen Lage der Firma.
LAUTSPRECHER	—Meine Damen und Herren, wir sind soeben in Frankfurt gelandet. Bitte, bleiben Sie auf Ihren Sitzplätzen, bis die Türen vorne und hinten geöffnet sind. Wir hoffen, Sie hatten einen angenehmen Flug, und freuen uns auf Ihren nächsten Flug mit uns.
HELLER	—Nun, jetzt dürfen wir endlich aussteigen. In welchem Hotel sind Sie untergebracht?

LANG   —Im 'Frankfurter Hof'. Und Sie?
HELLER   —Ich auch! Sollen wir vielleicht ein Taxi teilen?
LANG   —Aber gerne! Dann darf ich Sie ein bißchen mit der Stadt
                 bekanntmachen.

Note: *'eine Messe'* is a Trade Fair. Frankfurt holds major ones for engineering products, textiles, books etc., and together with Hannover (and Leipzig in the German Democratic Republic) is the best-known German *'Messestadt'*.

A. *Answer in German*

1 Woran sieht Herr Lang, daß Herr Heller die Firma Brinkmann vertritt?
2 Wohin fliegen die beiden Herren?
3 Was für Produkte soll Herr Heller vorstellen?
4 Wie lange wird der Flug nach Frankfurt dauern?
5 Wer sind die Kunden von der Firma Lamm?
6 Kennt Herr Heller die Bundesrepublik sehr gut?
7 Um was wird vor der Landung von der Stewardess gebeten?
8 Warum hat Herr Lang die Firma A und M verlassen?
9 Welches Gerücht hat Herr Heller gehört?
10 Wie äußert sich Herr Lang darüber?
11 Wann dürfen die Fluggäste von ihren Sitzplätzen aufstehen?
12 Aus welchem Grund wollen die beiden Herren ein Taxi teilen?

B. *Translate into German*

1 I see you represent Siemens.
2 We are flying to the Frankfurt Fair.
3 May I introduce myself?
4 We welcome you on board this flight.
5 Our flight time will be approximately two hours.
6 My field is electrical engineering.
7 It will be my first visit to the Federal Republic.
8 Please fasten your safety belts.
9 The promotion prospects were good.
10 M and F will soon go bust.
11 One hears all sorts of nonsense about that.
12 We are looking forward to your next visit.

C. *Word order – alternative possibilities for subordinate clauses*

Example: Ich sehe, daß Sie die Firma Brinkmann vertreten.
             Ich sehe, Sie vertreten die Firma Brinkmann.

1 Ich glaube, daß es sein erster Besuch in der Bundesrepublik ist.
2 Wir hoffen, daß Sie einen angenehmen Flug gehabt haben.
3 Er sagt, daß die Kunden ihn nicht kennen.
4 Ich habe gehört, daß A und M bald pleite gehen werden.
5 Ich nehme an, daß Sie zur Frankfurter Messe fliegen.

6 Er behauptet, daß die Gerüchte keinen Grund haben.
7 Sie sagt, daß die Fluggäste sitzenbleiben sollen.

D. Complete with the appropriate adjectival endings:

1 Nach mei– viert– Besuch war ich müde.
2 Er kam mit ei– lang– Liste.
3 Ei– angenehm– Flug freut mich immer.
4 Ich war bei verschieden– Autofabrikanten.
5 Wie sind Sie in dies– finanziell– Lage geraten?
6 Welch– Hotel gefällt Ihnen am meisten?
7 Ih– nächst– Flug wird hoffentlich besser sein.
8 Ich freue mich auf mei– erst– Besuch.

E. Prepositions: Replace the dash by the appropriate prepositional form.

1 Ich sehe –Ihrer Teilnehmerliste, daß Sie C & A vertreten.
2 Wir liefern –verschiedene Firmen.
3 Er ist –zweiten Mal dort.
4 Das hat eine enge Beziehung –dieser Sache.
5 Er arbeitet seit fünf Jahren –Krupp.
6 Ich freue mich –meinen Geburtstag.
7 Es wird mein zweiter Besuch –Schweiz sein.
8 Bubi, bleib ruhig –deinem Sitzplatz!

F. 'sorts of':

Example: Er gab mir –Auskunft. (no kind)
       Er gab mir keinerlei Auskunft.

1 Im Wald sahen wir –fremde Tiere. (all kinds)
2 Das Problem kann auf –Art und Weise gelöst werden. (two kinds)
3 Die Waren sind aus –Material hergestellt. (one kind)
4 Dieser Laden ist für junge Leute –Geschlechts. (both)
5 Dort findet man –Stoffe. (every kind)
6 In meinem Garten sind –Blumen. (many sorts)
7 Du brauchst –Besorgnis zu haben. (no kind)

G. Rôle-playing

Play the rôle of Mr Heller in the following dialogue: you are in a plane to Frankfurt when you get into conversation with a fellow businessman, who introduces himself as Mr Lang.

LANG	—Darf ich fragen, was macht denn Ihre Firma?
HELLER	—(*Your firm supplies machine tools to various motor manufacturers.*)
LANG	—Dann sind Sie wohl schon öfters nach Frankfurt gekommen?
HELLER	—(*No, this will be your first visit to Germany. You are looking forward to it very much.*)
LANG	—Ach, Sie sind also erst seit kurzem bei der Firma angestellt?

HELLER	—(*No, you began as a research assistant after graduation, and then you had four years on the production side.*)
LANG	—Nun, ich mache die Pilgerfahrt zur Frankfurter Messe schon zum fünften Mal. Ich werde Ihnen vielleicht etwas von Frankfurt zeigen können.
HELLER	—(*Well, one hears all sorts of rubbish about it. It probably can't be as bad as all that.*)
LANG	—Was für Gerüchte haben Sie denn gehört?
HELLER	—(*You have heard that it is a very unpleasant city.*)
LANG	—Offen gesagt, ich finde Frankfurt nicht so gemütlich wie München oder Stuttgart, aber man hat dort das Gefühl, am Herzen des deutschen kommerziellen Lebens zu sein.
HELLER	—(*Ask which hotel he is staying in.*)
LANG	—Im 'Hessischen Kreuz', etwa hundert Meter von der Zeil. Und Sie?
HELLER	—(*You are staying in the 'Frankfurter Hof'. Ask him what the Zeil is.*)
LANG	—Die Zeil ist doch die Hauptgeschäftsstraße: wäre es nicht eine gute Idee, wenn wir zusammen in diesem Viertel einen Bummel machten?
HELLER	—(*Thank him and say you would like to very much.*)
LANG	—Ach, ich habe diese Ansage nicht verstanden. Was hat sie gesagt?
HELLER	—(*She said we would be landing in Frankfurt in a few minutes.*)
LANG	—So, dann muß ich schnell meine Papiere in Ordnung bringen. Wir sprechen uns später, ja?

H. Guided conversation

With the help of the following information record or write a summary of the dialogue

Herr Lang bemerkt, daß Herr Heller eine ihm bekannte Firma vertritt. (Wieso? Wohin fliegt er vielleicht?) Er stellt sich vor und nennt auch seine Firma. Die Stewardess begrüßt die Fluggäste. (Welche Informationen gibt sie?) Die beiden Herren erwähnen ihre verschiedenen Produkte und Kunden. Herr Heller beschreibt seine bisherige Laufbahn und fragt Herrn Lang gleichfalls. Die Stewardess kündigt die Landung an. (Um was bittet sie dabei?) Die beiden Herren werden zusammen weiterfahren. (Wieso? Warum?)

Grammar	**REVISION OF ADJECTIVE ENDINGS** **DEFINITE AND INDEFINITE QUANTIFICATION** **PREPOSITIONAL USES**

The endings on adjectives following the definite article are known as the weak declension, and are also used after *dieser, jener, welcher,* and *jeder,* as follows:

SINGULAR

NOMINATIVE	der neuE	Lehrer	die neuE	Universität	das neuE	Muster
ACCUSATIVE	den neuEN	Lehrer	die neuE	Universität	das neuE	Muster
GENITIVE	des neuEN	Lehrers	der neuEN	Universität	des neuEN	Musters
DATIVE	dem neuEN	Lehrer	der neuEN	Universität	dem neuEN	Muster

PLURAL

NOMINATIVE	die neuEN Lehrer	die neuEN Universitäten	die neuEN Muster
ACCUSATIVE	die neuEN Lehrer	die neuEN Universitäten	die neuEN Muster
GENITIVE	der neuEN Lehrer	der neuEN Universitäten	der neuEN Muster
DATIVE	den neuEN Lehrern	den neuEN Universitäten	den neuEN Mustern

After '*kein*' and all possessive adjectives ('*mein*', '*unser*' etc.), the endings are known as the mixed declension, because in the plural they are the same as the weak ones above, while in the singular they are the same as those used after '*ein*', which are as follows:

NOMINATIVE	ein neuER Lehrer	eine neuE Universität	ein neuES Muster
ACCUSATIVE	einen neuEN Lehrer	eine neuE Universität	ein neuES Muster
GENITIVE	eines neuEN Lehrers	einer neuEN Universität	eines neuEN Musters
DATIVE	einem neuEN Lehrer	einer neuEN Universität	einem neuEN Muster

The endings on adjectives standing alone before nouns are known as the strong declension, as follows:

MASCULINE SINGULAR	FEMININE SINGULAR	NEUTER SINGULAR	PLURAL (ALL GENDERS)
schwarzER Kaffee	warmE Suppe	kaltES Wasser	schönE Blumen
schwarzEN Kaffee	warmE Suppe	kaltES Wasser	schönE Blumen
schwarzEN Kaffees	warmER Suppe	kaltEN Wassers	schönER Blumen
schwarzEM Kaffee	warmER Suppe	kaltEM Wasser	schönEN Blumen

1. The suffix **–lei** corresponds to 'sort(s) of', 'kind(s) of': words in **–lei** are indeclinable, and any following adjective will be in the strong form.
   > Wir liefern vielerlei Bestandteile.
   > Man hört allerlei dummes Zeug.
   > Sie stehen in keinerlei Beziehung zur Lage.
   Note also: *Es ist mir ganz einerlei* – It's all one to me.

2. One and a half, two and a half etc.
   > Die Flugzeit beträgt anderthalb Stunden.
   > Ich habe dreieinhalb Jahre im Produktionssektor verbracht.
   > nur ungefähr eineinhalb Jahre
   Though '*anderthalb*' is commoner, both '*eineinhalb*' and '*einundeinhalb*' are used, likewise '*dreiundeinhalb*' etc.

3. approximately, about – *etwa*, *ungefähr*
   > Unsere Flugzeit beträgt etwa anderthalb Stunden.
   > nur ungefähr eineinhalb Jahre
   Note also '*circa*', also spelt '*zirka*', commoner in its abbreviated form '*ca*'.

4. Prepositional uses which do not equate with English ones should be noted:

I see from your briefcase	*Ich sehe an Ihrer Mappe*
We deliver to various car manufacturers	*Wir liefern an verschiedene Autofabrikanten*
for the first time	*zum ersten Mal*
no connection with	*keine Beziehung zu*

I am with Alexander and Marks	*Ich bin bei Alexander und Marks*
We look forward to your visit	*Wir freuen uns auf Ihren Besuch*
The first visit to the Federal Republic	*Der erste Besuch in der Bundesrepublik*
Please remain in your seats	*Bitte, bleiben Sie auf Ihren Sitz-plätzen*

Useful expressions

vertreten   to represent, be the representative of. Note also *stellvertretend*: deputy. *Der stellvertretende Vorsitzende*: deputy chairman. *Der Hauptvertreter*: chief representative. *24 Länder waren vertreten*: 24 countries were represented.

betragen   to amount to, come to. Note also one of the commonest words in business terminology – *der Betrag*: the amount, sum of money, amount due. Do not confuse it with *der Beitrag*: the contribution, subscription.

pleite gehen   is a rather colloquial expression for 'going bankrupt', and while constantly occurring in journalism would scarcely be found in literary German.

LANG	—So, wir haben jetzt das Wichtigste gesehen: die Altstadt und die Zeil.
HELLER	—Ja, Alt Sachsenhausen hat mir sehr gefallen, besonders das Goethehaus, und diese Fußgängerzone ist ja etwas Einmaliges, aber ich glaube, das Wichtigste für mich wird wohl das Messegelände sein.
LANG	—Wir gehen jetzt dahin. Tatsächlich hat jede deutsche Großstadt solche Fußgängerzonen, aber was das Messegelände betrifft, haben Sie recht – Frankfurt ist vor allen Dingen eine Messestadt.
HELLER	—Zum Messegelände können wir also zu Fuß gehen?
LANG	—Aber sicher! Das ist eben ein großer Vorteil von Frankfurt. In anderen Städten liegt das Messegelände oft am Rande der Stadt, aber hier in Frankfurt ist es ziemlich in der Stadtmitte – vielleicht gibt es deshalb so viele Messen in Frankfurt, wie die Buchmesse und Interstoff: insgesamt mehr als zehn im Jahr.
HELLER	—Nun, was geht dort eigentlich vor? Ich nehme an, daß ich im großen und ganzen mit den Kunden zu tun habe, die schon auf meiner Liste stehen – sie werden mich aufsuchen und hoffentlich Bestellungen machen.
LANG	—Ja, sicherlich, aber wichtig ist auch, die Konkurrenz ein bißchen anzusehen. Sie werden erstaunt sein, daß es überhaupt so viele Firmen gibt. Alles mögliche wird vertreten, und es lohnt sich, das Neue zu notieren, wenn man auf dem laufenden bleiben will.
HELLER	—Wie ist es gekommen, daß diese Messe gerade in Frankfurt stattfindet?
LANG	—Ja, das ist immer so gewesen. Schon im Mittelalter gab es eine Frankfurter Messe, und Frankfurt war eine Art Hauptstadt des Heiligen Römischen Reiches Deutscher Nation: der Kaiser wurde nämlich hier gekrönt.
HELLER	—Und Frankfurt ist immer noch das Finanzzentrum der Bundesrepublik, obwohl Bonn die Hauptstadt ist?
LANG	—Genau! Bonn hat nichts Besonderes außer der Universität und dem Beethovenhaus, und natürlich dem Bundestag – Frankfurt ist viel geschäftiger.
HELLER	—Und morgen geht's los! Ich freue mich riesig darauf!
LANG	—Also, früh ins Bett! Morgen um acht Uhr müssen wir bereits an Ort und Stelle sein. Das Frankfurter Nachtleben kann ich sowieso nicht empfehlen.

Note: '*das Goethehaus*' refers to the birthplace of Johann Wolfgang von Goethe (1749–1832), generally accounted the greatest of all German writers. He spent most of his life in Weimar (GDR), where there is a much finer Goethehaus in which he lived and died.

'*das Heilige Römische Reich Deutscher Nation*' – the name adopted by the Emperor Maximilian I in 1493 for what was formerly the Holy Roman Empire founded by Charlemagne. It ceased to exist in 1806.

A. Answer in German

1 Was hält Herr Lang für das Wichtigste in Frankfurt?
2 Welches berühmte Haus befindet sich in Alt Sachsenhausen?
3 Wohin gehen die beiden Herren jetzt?
4 Wo liegt das Messegelände?
5 Wie viele Messen finden in einem Jahr in Frankfurt statt?
6 Mit wem hat Herr Heller zu tun?
7 Warum sollte man das Neue notieren?
8 Von welchem Reich wurde der Kaiser in Frankfurt gekrönt?
9 Als was ist Frankfurt in der Bundesrepublik bekannt?
10 Was gibt es in Bonn?
11 Worauf freut sich Herr Heller?
12 Um wieviel Uhr fängt die Arbeit an?

B. Translate into German

1 Here is the most important thing.
2 I liked Goethe's house very much.
3 This pedestrian precinct is something unique.
4 So far as the trade fair site is concerned, you're right.
5 There are ten a year altogether.
6 In general I don't have much to do.
7 I shall try everything possible.
8 One must keep up to date.
9 The Book Fair takes place in Frankfurt.
10 There was a Frankfurt Fair in the middle ages.
11 The Emperor of the Holy Roman Empire was crowned in Frankfurt.
12 There's nothing special in Bonn.

C. Tenses – rewrite the following sentences in the tense indicated:

1 Frankfurt ist viel geschäftiger. (Imperfect)
2 Alt Sachsenhausen hat mir sehr gefallen. (Present)
3 Wir haben das Wichtigste gesehen. (Future)
4 Sie werden mich aufsuchen. (Perfect)
5 Das Wichtigste für mich wird wohl das Messegelände sein. (Imperfect)
6 Zum Messegelände können wir also zu Fuß gehen. (Future)
7 Es lohnt sich, das Neue zu notieren. (Perfect)
8 Frankfurt war eine Art Hauptstadt. (Present)
9 Im Mittelalter gab es eine Frankfurter Messe. (Perfect)
10 Das ist immer so gewesen. (Imperfect)
11 Frankfurt ist immer noch das Finanzzentrum der Bundesrepublik. (Future)
12 Der Kaiser wurde nämlich hier gekrönt. (Pluperfect)

D. Prepositions – replace the dash by the appropriate prepositional form:

1 Um zehn Uhr mußt du – Bett.
2 Viele Namen stehen – meiner Liste.
3 Es ist nicht weit: wir können – Fuß gehen.
4 Er stellt die Sachen wieder – Ort und Stelle.
5 Der Wald liegt – Rande der Stadt.
6 Der Hauptbahnhof ist – der Stadtmitte.
7 – mir war niemand da.
8 Interlaken ist – allen Dingen ein Ferienort.

E. Substantival adjectives

Example: Was möchtest du essen? (something sweet)
            Ich möchte etwas Süßes essen.

1 Was wurde probiert? (everything possible)
2 Was hast du gefunden? (nothing interesting)
3 Was sagt man von ihm? (many good things)
4 Was muß man erkennen? (the important thing)
5 Was werden wir sehen? (something new)

F. 'werden' as auxiliary – translate into German:

1 What will you do tomorrow?
2 What would you do in my position?
3 What is done in this case?
4 What was done in the middle ages?
5 Where was the Emperor crowned?
6 I would do it this way.

G. Rôle-playing

Play the rôle of the English guest in the following dialogue: you have just returned from a sightseeing coach tour of Frankfurt, and your hostess asks you about it . . .

FRAU BECK —Also, wie hat Ihnen die Stadtrundfahrt gefallen?
—(*You liked it very much, especially the old town.*)

FRAU BECK —Und haben Sie auch das Einkaufsviertel um die Hauptwache besucht?
—(*Unfortunately not, the bus only drove past the Hauptwache.*)

FRAU BECK —Ach natürlich, da ist alles Fußgängerzone drum herum. Aber in der Altstadt haben Sie wohl das Goethehaus besichtigt?
—(*Yes of course, and the Römer too, and finally the Palm Garden.*)

FRAU BECK —Und was sonst haben Sie im Vorbeifahren bemerkt?
—(*You saw the cathedral, the Main, the old bridge, the old opera house, the university, the trade fair site and the central station.*)

FRAU BECK —Schade, daß Sie nicht zur Messezeit hier sind – dann ist alles viel lebhafter. Aber es lohnt sich vielleicht, Frankfurt in normalen

Verhältnissen kennenzulernen. Was für einen Eindruck haben Sie von der Stadt?

—(*All in all, you like it very much, but the new buildings are nothing special: Alt Sachsenhausen is the most beautiful thing that Frankfurt possesses.*)

FRAU BECK —Ja sicher, aber das Messegelände ist auch etwas Einmaliges, ich meine zur Zeit der großen Messe. Und die Restaurierung des Römers ist sehr sorgfältig durchgeführt worden, finden Sie nicht?

—(*Yes, indeed, everything looks as in the middle ages.*)

FRAU BECK —Im Römer haben Sie wohl den Kaisersaal besichtigt?

—(*Yes, you were told that that was where the emperors were crowned.*)

„Es ist doch gar nicht wahr. daß ich ausschließlich ans Geschäft denke. Ich liebe dich. Ich verehre dich. Ich bete dich an. Würdest du das bitte noch einmal wiederholen?"

FRAU BECK —Sehen Sie, Frankfurt ist in der deutschen Geschichte immer wichtig gewesen, und heute noch ist es die kommerzielle Hauptstadt der Bundesrepublik. Ich möchte nirgendwo anders wohnen.

—(*You are looking forward to getting to know the town better.*)

H. Guided conversation

With the help of the following information record or write a summary of the dialogue:

Herr Lang schlägt vor, sie sollen zusammen nur die wichtigsten Sehenswürdigkeiten ansehen, und nennt einige davon. (Welche?) Herr Heller möchte vor allen Dingen das Messegelände besuchen und fragt, wie weit entfernt es sei. (Wie gelangt man zum Messegelände?) Herr Lang erklärt, man könne dorthin zu Fuß gehen, und meint, die Lage in Frankfurt sei günstiger als in anderen Städten. (Warum?) Herr Heller möchte Näheres über die Messe erfahren. (Wie stellt er sie sich vor?) Herr Lang betont die Gelegenheit, dabei die Konkurrenz anzusehen, (woraus besteht diese?) und sagt, daß man früh und pünktlich bei der Arbeit sein muß (Um wieviel Uhr?).

Grammar

SUBSTANTIVAL ADJECTIVES
WERDEN AS AUXILIARY

1. Adjectives used as nouns are normally written with a capital letter, e.g. *das Neue*, *das Wichtigste*. This includes the neuter adjectives after *alles*, *allerlei*, *etwas*, *genug*, *nichts*, *viel* and *wenig*, e.g. *etwas Einmaliges*, *alles Mögliche*, *nichts Besonderes*. Note, however, a difference between the normal *alles Mögliche* (everything possible) and the set phrase *alles mögliche* (all sorts of things). Other set phrases where small letters are used include *im großen und ganzen*, *auf dem laufenden*, *bei weitem*, *im allgemeinen*. Note also that *alles*, being inflected, is followed by weak endings on the adjective, whereas indeclinable words like *nichts* are followed by strong endings.

2. Care must be exercised with *werden*, which as an auxiliary is used
   a) in the present to form the future tense with an infinitive:
   Sie *werden* mich aufsuchen.
   Das Wichtigste für mich *wird* wohl das Messegelände sein.
   b) in the imperfect subjunctive to form the conditional tense with an infinitive:
   An deiner Stelle *würde* ich es so machen.
   c) in the present to form the present passive tense with a past participle:
   Alles mögliche *wird* vertreten.
   Der Kaiser *wird* gekrönt.
   d) in the imperfect to form the simple past passive tense with a past participle:
   Alles mögliche *wurde* vertreten.
   Der Kaiser *wurde* gekrönt.

Useful expressions

besonders   especially. Note also *insbesondere*: in particular, *nichts Besonderes*: nothing special, *die Besonderheit*: peculiarity, special feature, *Es ist mir eine besondere Ehre*: It is a particular honour for me.

insgesamt   altogether. Note also *die gesamten Kosten*: the total cost(s), *Goethes Sämtliche Werke*: Goethe's Complete Works, cf. *Gesammelte Werke*: Collected Works.

stattfinden   to take place, a separable verb. The prefix *statt* meaning 'place' is as in the prepositions *statt* and *anstatt*, both meaning 'instead of', i.e. 'in place of', and governing the genitive case – *Statt eines Briefes schrieb er nur eine Karte*.

HELLER	—Es hat mich sehr gefreut, Herr Zehnpfennig, Ihre Bekanntschaft zu machen. Hoffentlich können wir im Laufe des kommenden Monats einen festen Auftrag abschließen.
ZEHNPFENNIG	—Das wohl: Ihre Muster scheinen mir unseren Bedürfnissen zu entsprechen, aber ich würde vorschlagen, daß Sie unsere Fabrik persönlich besuchen, um zu sehen, wie Ihre Werkzeugmaschinen installiert werden können.
HELLER	—Aber selbstverständlich: ich stehe Ihnen zur Verfügung und bin gerne bereit, nach Stuttgart zu kommen.
ZEHNPFENNIG	—Wie wäre es, wenn Sie in der nächsten Woche zu uns kämen?
HELLER	—Kein Problem: ich würde vermutlich am besten fliegen, oder?
ZEHNPFENNIG	—Nein, unsere Fabrik liegt nämlich neben dem Bahnhof, und die Züge sind schnell und ganz zuverlässig. Die Entfernung beträgt nur hundertachtzig Kilometer. Am besten fahren Sie also mit der Eisenbahn. Ich habe sogar einen Fahrplan in der Tasche – sehen Sie hier!

Gültig vom 3. Juni bis 29. September 1984

[DB]   Frankfurt (M)—Stuttgart   ●   207 km

Zug-Nr.	Abfahrt Ffm Hbf	Ankunft Stuttgart Hbf	Service im Zug	Besonderheiten
D 1417	0.09	2.34		nur Sa vom 30. VI.–1. IX.
7101	0.18	5.27	⚌	Ⓤ Darmstadt Hbf an 0.48, ab 2.55 (D 711) ⚌ Darmstadt–Stuttgart
D 473	4.30	7.46		Ⓤ Mannheim an 5.24, ab 6.04 (E 3023) nur werktags, nicht 21. VI.
IC 571	6.33	8.51	⊗ ✕	Ⓤ Mannheim an 7.21, ab 7.27 (IC 595) nur Mo–Sa, nicht 11. VI. ⊗ Ffm–Mannheim, ✕ Mannheim–Stuttgart
D 899	6.41	8.51	✕	Ⓤ Heidelberg an 7.35, ab 7.41 (IC 595) nur sonn- und feiertags ✕ Heidelberg–Stuttgart
D 899	6.41	9.36		
IC 673	7.37	9.51	✕	Ⓤ Mannheim an 8.21, ab 8.27 (IC 511)
D 795	7.52	10.17	⚌	
E 2353	8.16	11.44		Zuglauf über Hanau–Eberbach
IC 597	8.37	10.51	✕	
D 813	9.16	11.27	⚌	
IC 171	9.37	11.51	✕	Ⓤ Mannheim an 10.21, ab 10.27 (IC 513) nur Mo–Sa, nicht 11. VI.
D 799	9.40	12.06	⚌	
E 3039	9.48	12.40	⊗	Ⓤ Mannheim an 10.59, ab 11.12 (FD 713) ⊗ Mannheim–Stuttgart
E 3377	10.25	13.46		
IC 573	10.37	12.51	⊗ ✕	Ⓤ Mannheim an 11.21, ab 11.27 (IC 111) nur Mo–Sa, nicht 11. VI. ⊗ Ffm–Mannheim, ✕ Mannheim–Stuttgart
IC 599	11.37	13.51	✕	nur Mo–Sa, nicht 11. VI.
D 911	11.40	14.11		
IC 173	12.37	14.51	✕	Ⓤ Mannheim an 13.21, ab 13.27 (IC 515)
E 2355	12.40	16.17		Zuglauf über Hanau–Eberbach
D 913	12.40	16.02	⚌	Ⓤ Heidelberg an 13.36, ab 14.02 (D 715) ⚌ Heidelberg–Stuttgart
D 791	13.00	15.47	⚌	
D 771	13.31	16.25	⚌	Ⓤ Karlsruhe an 14.53, ab 15.12 (E 3013) ⚌ Ffm–Karlsruhe
IC 675	13.37	15.51	✕	Ⓤ Mannheim an 14.21, ab 14.27 (IC 517)
D 773	14.34	17.42	⚌	Ⓤ Karlsruhe an 16.19, ab 16.32 (D 2063) ⚌ Ffm–Karlsruhe
IC 177	14.37	16.51	✕	Ⓤ Mannheim an 15.21, ab 15.27 (IC 613)
D 851	14.40	16.46		nur freitags, nicht 22. VI., auch 20. VI.
IC 575	15.37	17.51	✕	Ⓤ Mannheim an 16.21, ab 16.27 (IC 511)

Zug-Nr.	Abfahrt Ffm Hbf	Ankunft Stuttgart Hbf	Service im Zug	Besonderheiten
E 3151	15.40	18.40		Ⓤ Karlsruhe-Durlach an 17.19, ab 17.33 (E 3015)
IC 577	16.37	18.51	✕	Ⓤ Mannheim an 17.21, ab 17.27 (IC 519) täglich außer samstags, nicht 10. VI.
D 815	16.40	19.07	⚌	
E 2357	16.40	20.05		Zuglauf über Hanau–Eberbach
D 1173	16.52	20.23	⚌	Ⓤ Karlsruhe an 18.36, ab 19.17 (D 267) ⚌ Ffm–Mannheim/Karlsruhe–Stuttgart
D 797	17.29	19.44		
IC 179	17.37	19.51	✕	Ⓤ Mannheim an 18.21, ab 18.27 (IC 615)
D 1791	18.34	20.43		nur freitags
IC 691	18.37	20.51	✕	
E 3161	18.40	21.43		Ⓤ Karlsruhe-Durlach an 20.23, ab 20.31 (E 2751)
IC 579	19.37	21.51	✕	Ⓤ Mannheim an 20.21, ab 20.27 (IC 617)
E 2359	19.40	22.11	⚌	Ⓤ Heidelberg an 20.35, ab 20.49 (D 719) ⚌ Heidelberg–Stuttgart
E 2359	19.40	22.58		
IC 671	20.37	22.51	✕	Ⓤ Mannheim an 21.21, ab 21.27 (IC 619) täglich außer samstags, nicht 10. VI.
D 354	20.40	23.48	⚌	Ⓤ Mannheim an 21.41, ab 21.57 (D 205) Ⓤ Karlsruhe an 22.30, ab 22.36 (D 14165) ⚌ Ffm–Mannheim
IC 693	21.38	23.57	✕	
E 3167	23.45	2.53	⊟	⊟ Ffm–Heidelberg (D 897)–Stuttgart (–München)

Fahrpreise in DM: (Tarifstand: 1. 6. 84)	einfache Fahrt		Hin- und Rückfahrt	
	2. Klasse	1. Klasse	2. Klasse	1. Klasse
	39,00	59,00	78,00	118,00
Zuschläge für IC-Züge:	5,00	5,00		

► **Bitte beachten Sie auch unsere Sonderangebote** ◄

Zeichenerklärung

⊟	= 1. Klasse, bes. Zuschlag	✕	= Zugrestaurant
IC	= 1. u. 2. Klasse, bes. Zuschlag	⊗	= Quick-Pick-Zugrestaurant
FD	= 1. u. 2. Klasse	⚌	= Speisen u. Getränke im Zug erhältlich
D	= 1. u. 2. Klasse		
E	= 1. u. 2. Klasse	⊨	= Schlafwagen
Ⓢ	= S-Bahn, 1. u. 2. Klasse, Abfahrt Ffm Hbf tief	⊷	= Liegewagen
		Ⓡ	= reservierungspflichtig
▭	= Kurswagen	Ⓤ	= umsteigen / change
⊞	= Omnibus		

Ohne Gewähr

Herausgeber: Deutsche Bundesbahn
Fahrkartenausgabe Frankfurt (M) Hbf

Fortsetzung siehe nächste Seite

HELLER —Prima! Also mit dem D-Zug braucht man nur anderthalb Stunden. Soll ich Dienstag etwa um halb zehn in Stuttgart ankommen, geht das?

ZEHNPFENNIG —Besser wär's, vorher anzurufen. Die Fabrik können Sie vom Haupteingang des Bahnhofs sehen. Fragen Sie bitte am Fabrikeingang nach Frau Schultze. Sie ist unsere Einkaufsleiterin und wird sich um Sie kümmern.

HELLER —Also, dann bis Dienstag. Verzeihen Sie bitte, wenn ich jetzt unser Gespräch abbreche: ich muß mich auf eine Konferenz für morgen vorbereiten und auch Vereinbarungen für einen Besuch nächste Woche im Ruhrgebiet treffen.

ZEHNPFENNIG —Ja, ich muß jetzt auch woanders hin. Auf Wiedersehen, und viel Spaß!

Note: A *Personenzug* is a slow train stopping at virtually every station. An *Eilzug* is somewhat quicker and stops at selected stations. A *D-Zug (Durchgangszug)* is an express corridor train stopping only at major cities (and nowadays often called *Inter-City*), and to travel by it one has to pay a supplement (*Zuschlag*) above the basic fare. The train is said to be '*zuschlagpflichtig*'.

A. Answer in German

1 Was hofft Herr Heller im kommenden Monat zu tun?
2 Wie findet Herr Zehnpfennig die Muster von Herrn Heller?
3 Warum schlägt Herr Zehnpfennig vor, daß Herr Heller die Fabrik besuchen sollte?
4 Will Herr Heller gerne nach Stuttgart fahren?
5 Welchen Tag schlägt Herr Heller für den Besuch vor?
6 Aus welchen Gründen ist es praktisch, mit dem Zug zu fahren?
7 Was hat Herr Zehnpfennig in der Tasche?
8 Wie weit ist es von Frankfurt nach Stuttgart?
9 Wer wird sich in der Fabrik um Herrn Heller kümmern?
10 Was muß Herr Heller jetzt machen?

B. Translate into German

1 I was pleased to meet him.
2 Your samples seem to meet our requirements.
3 I am at your disposal.
4 How about coming to us next week?
5 The distance is only 180 kilometres.
6 It only takes an hour and a half.
7 I must prepare for a meeting tomorrow.
8 Enjoy yourself!

C. Infinitive with or without 'zu'?

1 Es freut mich sehr, Ihre Bekanntschaft (machen).
2 Ich besuche die Fabrik, um einen Freund (sehen).

  3 Wir können jetzt einen festen Auftrag (abschließen).
  4 Soll ich um halb zehn (ankommen)?
  5 Die Muster scheinen unseren Bedürfnissen (entsprechen).
  6 Ich muß mich auf eine Konferenz (vorbereiten).
  7 Ich bin bereit, nach Stuttgart (fahren).
  8 Die Fabrik kann man vom Bahnhof (sehen).
  9 Darf ich mit Herrn Zehnpfennig (sprechen)?
10 Er braucht morgen nicht nach Düsseldorf (fliegen).
11 Sie möchte lieber nächste Woche (kommen).
12 Es ist zu früh, nach Hause (gehen).

D. ss or ß?

1. gro–   2. Fu–   3. mü–en   4. Ki–en   5. bi–chen   6. gege–en
7. Wa–er 8. gewi– 9. gebi–en 10. Geno–e 11. schie–en 12. gewi–erma–en

E. Answer in German with the help of the hints given in brackets:

Example: Ist Herr Heller nach Stuttgart geflogen? (Nein, mit dem Zug fahren)
               Nein, er ist mit dem Zug nach Stuttgart gefahren.

  1 Hat Herr Zehnpfennig Herrn Heller nach Stuttgart eingeladen? (Ja)
  2 Hat Herr Heller einen festen Auftrag beschlossen? (noch nicht)
  3 Hat Herr Heller in Frankfurt eine Stadtrundfahrt gemacht? (Ja)
  4 Ist Herr Heller gestern in Frankfurt angekommen? (Nein, vorgestern)
  5 Hat sich Herr Heller auf eine Konferenz für den Nachmittag vorbereitet? (Nein,
    für den folgenden Tag)
  6 Hat Herr Zehnpfennig gesagt, die Züge seien zuverlässig? (Ja)

F. Translate into German

  1 Have you come by train?
  2 Precisely! That's just what I wanted to say.
  3 Would you recommend it?
  4 In the course of the month I shall write fifty letters.
  5 She will look after us.
  6 Now we have a firm contract.
  7 It is a great advantage if one can speak German.
  8 He must be somewhere else.
  9 It is worth while to visit the factory.
10 The main entrance is around the corner.

G. Rôle-playing

*Play in the following dialogue the part of Mr Heller, who is describing his day to Mr
Lang.*

LANG   —Nun, wie war denn Ihr Tag? Sehr beschäftigt?
HELLER   —(*Tell him you were pleased to meet your customers for the first
                 time.*)

LANG	—Und haben Sie etwas Erfolg gehabt? Irgendwelche Aufträge abgeschlossen?
HELLER	—(*You hope soon to have a firm contract with Herr Zehnpfennig of EKW.*)
LANG	—So, vom großen Betrieb in Stuttgart? Das wäre sehr nützlich, nicht wahr?
HELLER	—(*Yes indeed, and Herr Zehnpfennig has invited you to visit the factory next week.*)
LANG	—Also, mein Auto steht Ihnen zur Verfügung, wenn Sie wollen.
HELLER	—(*You're going by train, since Herr Zehnpfennig suggested that, but thank him. You didn't know he had a car here.*)
LANG	—Das habe ich gestern für zwei Wochen gemietet: es ist ganz einfach. Das sollten Sie mal probieren.
HELLER	—(*Perhaps you will hire a car in the Ruhrgebiet next week.*)
LANG	—Ach, Sie haben also noch eine Einladung erhalten?
HELLER	—(*Yes, you are flying to Düsseldorf next Thursday.*)
LANG	—Na, Sie machen schon Fortschritte, junger Mann. Sind Sie denn mit Ihrem ersten Messetag zufrieden?
HELLER	—(*By and large you are very content, and looking forward immensely to the coming week and a half.*)
LANG	—Wenn es Ihnen recht ist, können wir zusammen das Abendessen einnehmen: dann kann ich Ihnen Näheres über das Ruhrgebiet mitteilen.
HELLER	—(*You would be very pleased to, and are already grateful to him for all his kindness so far.*)

H. Guided conversation

With the help of the following information record or write a summary of the dialogue

Herr Heller freut sich über die neue Bekanntschaft und hofft, in Kürze (Wann?) ein Geschäft mit Herrn Zehnpfennig zu machen (Was denn?). Herr Zehnpfennig scheint ebenfalls zufrieden (Womit?) und lädt Herrn Heller zu einem Besuch ein. (Wohin und wozu?) Am besten soll er mit dem Zug fahren. (Warum?) Der Fahrplan wird gezeigt. (Wieviele Züge fahren jeden Tag?) Herr Heller soll nach Frau Schultze fragen. (Wer ist sie? Was wird sie machen?) Jetzt muß sich Herr Heller schnell verabschieden. (Warum?)

I. Translate into German:

I see from your briefcase that you represent the Ford Motor Company. May I introduce myself? My name is Decker, I am flying to Frankfurt as well. I take it that like me you are going to the International Motor Show.

No, this is not my first visit. Over the years I have got to know Frankfurt quite well – it is a fine town. I particularly enjoy an evening out in Alt Sachsenhausen, and a visit to the Goethe House is always interesting.

After the Motor Show I shall stay on in Germany and call on some of my customers. In the past I have found it very practical to travel by rail, because the towns I have to visit are all quite close to each other, and anyway, most of my customers have their premises in the town centre, near the railway station. As a matter of fact in Stuttgart one can see the factory of my best customer from the main station.

Grammar   INFINITIVE WITH AND WITHOUT 'ZU'
                                                ss & ß

1. After the modal auxiliaries *dürfen, können, mögen, müssen, sollen, wollen* and also *lassen*, no 'zu' is required before the infinitive, e.g. *wir dürfen gehen, wir können gehen and so on*, likewise *laßt uns gehen* and *er läßt es machen*. Most other verbs require 'zu' before the infinitive, e.g. *es lohnt sich, das Neue zu notieren; Ich bin gerne bereit, nach Stuttgart zu kommen*. Exceptions include *bleiben, helfen, hören, lehren, lernen, machen* and *sehen*, e.g. *er bleibt stehen, ich helfe ihr aufräumen, er lehrte mich schwimmen, ich lerne Klavier spielen, ich höre ihn kommen, er macht mich lachen, wir sehen ihn kommen*.

2. *ß* is used instead of *ss*
    a) at the end of a word or syllable: daß, muß, Spaß, mißbrauchen, Eßzimmer
    b) at the end of a word when followed by a consonant, usually 't': läßt, fließt, fließt, grüßt.
    c) between vowels when the first of these is long: Grüße, beschließen

    ss is used between vowels when the first of these is short:
        zuverlässig, Bedürfnisse, Messe

Useful expressions

im Laufe (plus genitive)	in the course of, e.g. *im Laufe dieser Woche*; cf. in the previous chapter *auf dem laufenden* up-to-date, fully informed. Note also *laufend* = 'current' in business contexts, e.g. *ein laufendes Konto, die laufende Produktion*. Note also *die Laufbahn* – career, and *der Lebenslauf* – Curriculum Vitae.
zur Verfügung stehen	to be at the disposal of, be available. Note also *über etwas* or *jemanden verfügen* – to have something or someone at one's disposal.
vermutlich	presumably, cf. *ich vermute* – I suppose, close in meaning to *ich nehme an* – I assume (literally I take it)

Herr Heller is sitting in his hotel at breakfast. He speaks to the waiter.

HELLER —Ich muß meine Firma in England anrufen. Kann man von hier aus telefonieren?

KELLNER —Das läßt sich schon machen, doch die Telefoneinheit im Hotel kostet 75 Pf., und es wird dann sehr teuer, ins Ausland zu telefonieren. Es ist billiger, wenn Sie auf dem Marktplatz (diesem Hotel gegenüber) telefonieren – da ist ein Münzfernsprecher. Doch auch hier treten Schwierigkeiten auf, da man fortwährend Geldstücke einwerfen muß. Übrigens, bei Münzfernsprechern wird der zuviel bezahlte Betrag nicht zurückgegeben. Sie gehen am besten zur Post, zur öffentlichen Fernsprechstelle. Sie gehen zum Schalter, melden sich an, dann können Sie in der Telefonzelle telefonieren und am Schluß zahlen Sie am Schalter, wo Sie eine Quittung erhalten.

· ·

Herr Heller has gone to the post office, and is speaking to the official at the window marked 'Ferngespräche'.

HELLER —Ich möchte meine Firma in England anrufen.

BEAMTER —Ist der in England verlangte Ort im Selbstwählferndienst zu erreichen?

HELLER —Ja, die Firma befindet sich in London.

BEAMTER —Gut. Sie können die Verbindung selbst wählen. Entschuldigung, aber man hört, daß Sie Ausländer sind. Haben Sie schon vorher die öffentliche Fernsprechstelle der Bundespost benutzt?

HELLER —Leider nicht.

BEAMTER —Macht nichts, es ist ganz einfach. Wählen Sie zunächst – Moment bitte, ich schreibe Ihnen alles auf. Zunächst wählt man 00 – das ist die Zugangsziffer zum internationalen Verkehr. Dann kommt die Landeskennzahl, also für England 44, und dann die nationale Ortsnetzkennzahl. Hier muß man aufpassen. Im internationalen Verkehr fällt die erste Null weg. Die Null ist nicht zu wählen. So, noch einmal: 00 44 1 – das heißt 1 und nicht 01 für London, und dann die in London erwünschte Nummer. Alles klar?

HELLER —Alles klar. Nur noch eine Frage. Ich möchte auch eine Firma in Stuttgart anrufen. Die Nummer lautet 0711 2142 – 1. Wie ist es mit der Eins am Ende? Auf der Visitenkarte meines Kunden ist es anders. Sehen Sie mal, hier steht 0711 2142 – 256. Das versteh' ich nicht.

BEAMTER —Das heißt, diese Firma hat Durchwahl. Wenn Sie die letzte Eins wählen, erreichen Sie die Nebenstellenvermittlung.

HELLER —Die Nebenstellenvermittlung? Was ist denn das?

BEAMTER —Ach, wie soll man das erklären? Das ist die Vermittlung. Also, das Fräulein, – die Telefonistin der Firma.

HELLER —Ach so! Ich dachte, es hieße 'Zentrale' auf deutsch.

BEAMTER —Ganz richtig! Kann man auch sagen. So, wenn Sie die letzte Eins wählen, erreichen Sie die Zentrale. Aber wenn die Nebenstellennummer bekannt ist, so ist die Eins wegzulassen, und dafür anschließend die Nummer der Nebenstelle zu wählen. So, ich wiederhole. Wählen Sie 0711 2142 – 1, so erreichen Sie die Zentrale. Wählen Sie andererseits 0711 2142 – 256, so erreichen Sie umittelbar die Nebenstelle. So, bitte, haben Sie das alles mitbekommen?

HELLER —Ja, das haben Sie ganz prima erklärt. Und wo kann ich jetzt telefonieren?

BEAMTER —Nehmen Sie bitte Kabine 2. Zahlen Sie nachher bei mir am Schalter.

· ·

(*Heller is in the telephone booth. He has telephoned his boss in England and made his report. He then dials 0711 2142 –256, but gets no answer; He then dials 0711 2142 –1.*)

FRÄULEIN —Hier Firma Zehnpfennig. Guten Morgen.

HELLER —Guten Morgen. Mein Name ist Heller, von der Firma Brinkmann–Werkzeugmaschinen. Ist Frau Schultz wohl im Hause?

FRÄULEIN —Nein, ich bedaure. Frau Schultze ist im Moment nicht da. Kann ich etwas ausrichten? Oder wollen Sie mit Herrn Zehnpfennig sprechen?

HELLER —Ich hätte lieber mit Frau Schultze gesprochen, aber Herrn Zehnpfennig kenne ich auch. Bitte, verbinden Sie mich.

STIMME —Hier Zehnpfennig.

HELLER —Guten Morgen, Herr Zehnpfennig, hier Peter Heller von der englischen Firma Brinkmann. Wir haben ganz kurz in Frankfurt gesprochen.

ZEHNPFENNIG —Jawohl. Ich erinnere mich gut. Wo sind Sie jetzt?

HELLER —Ich bin immer noch in Frankfurt. Ich fahre heute abend mit der Bundesbahn nach Stuttgart.

ZEHNPFENNIG —Ja, so weit ich mich entsinne, wollten Sie unsere Frau Schultze hier in Stuttgart besuchen?

HELLER —Ja, sehr gern, Herr Zehnpfennig. Ich bin morgen wie verabredet in Stuttgart, und wenn es Ihnen paßt, möchte ich morgen früh mal vorbeikommen.

ZEHNPFENNIG —Ja, morgen um halb zehn paßt uns ganz gut. Aber gehen Sie nicht vorbei. Kommen Sie doch mal 'rein. Ich habe mit Frau Schultze schon gesprochen. Sie werden erwartet.

HELLER —Ausgezeichnet. Also, bis dann, Herr Zehnpfennig.

ZEHNPFENNIG —Auf Wiederhören, Herr Heller, und Dank für den Anruf.

Note: the terms used in German connected with telephoning are not immediately identifiable with their English equivalents. Thus the 'switchboard' is '*die Zentrale*', 'extension' is '*die Nebenstelle*', 'a bad connection' is '*keine gute Verbindung*', 'Who is speaking?' is '*Kann ich um Ihren Namen bitten?*', and 'Please hold the line' is simply '*Bitte warten!*'

Dialling a German town from England (e.g. Stuttgart)

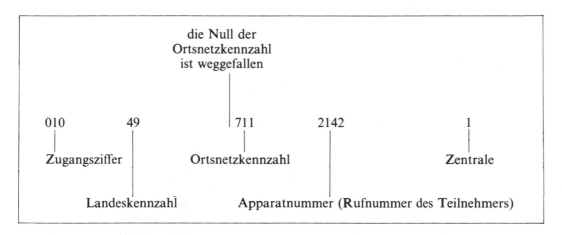

A. *Answer in German*

1 Warum meint der Kellner, es wäre günstiger für Herrn Heller, anderswo als im Hotel zu telefonieren?
2 Welche Nachteile hat ein Münzfernsprecher?
3 Welche Vorteile bestehen darin, daß man zur Post geht, um zu telefonieren?
4 Warum muß man aufpassen, wenn man von Deutschland aus London oder irgendeine andere englische Stadt anruft?
5 Wenn eine deutsche Firma Durchwahl hat, was erreicht man, wenn man die letzte Eins wählt?
6 Woher weiß Herr Heller, wie die Nebenstellennummer seines Kunden lautet?
7 Wie erreicht man unmittelbar eine Nebenstellennummer?
8 Woher kennt Herr Heller Herrn Zehnpfennig?
9 Wie fährt Herr Heller nach Stuttgart?
10 Wann hat Herr Heller Besuchstermin?

B. *Translate into English, giving special attention to the significance of the words underlined:*

1 Das läßt sich <u>schon</u> machen.
2 Es wird <u>wohl</u> sehr teuer sein.
3 <u>Besser wär's,</u> zur Post zu gehen.
4 Bei Münzfernsprechern treten <u>auch</u> Schwierigkeiten auf.
5 Kann ich etwas ausrichten, oder <u>möchten Sie lieber</u> mit Herrn Zehnpfennig sprechen?

6 Ist Frau Schultze <u>wohl im</u> Hause?
7 So erreichen Sie <u>unmittelbar</u> die Nebenstelle.
8 Die <u>nach dem Bindestrich stehende</u> Nummer ist wegzulassen.
9 Morgen um 14 Uhr <u>paßt es mir besonders gut.</u>
10 Zahlen Sie <u>erst nachher</u> bei mir am Schalter.

C. With the minimum of gesticulation, explain in German the meaning of the following:

1 Selbstwählferndienst.
2 Ortsnetzkennzahl.
3 Durchwahl.
4 Nebenstellenvermittlung.
5 Münzfernsprecher.
6 Zugangsziffer.

D. Translate into German:

1 I'm sorry, this is a bad line, please speak more slowly.
2 Mr Decker is not here at the moment, can you call back later?
3 It would be best to go to the post office and telephone from there.
4 It is much cheaper to phone from the post office than from the hotel.
5 At first Mr Heller did not understand, but the waiter spoke more slowly, and Mr Heller understood better.
6 What time is the earliest train to Stuttgart?
7 I have an important engagement, but my visit to Stuttgart is even more important.
8 I have never had a more successful business trip.
9 It is much more difficult to understand Mr Heller's secretary, because her voice is so much softer than his.
10 The weather here has been much better than in Frankfurt.
11 Herr Zehnpfennig sends you his warmest greetings.
12 Heller writes the longest, most boring reports of all our sales managers.

E. Example: Die Donau ist ein breiter Strom, (but the Rhine is even broader).
          Die Donau ist ein breiter Strom, aber der Rhein ist noch breiter.

1 Deckers Fabrik ist schon groß, (but Schmidt has an even larger plant).
2 Benzin ist schon teuer in Deutschland, (but in Belgium the price is even higher).
3 Heute hatten wir schlechtes Wetter, (but yesterday it was even worse).
4 Schmidt hat einige ältere Maschinen, (but this factory has the oldest machines I have ever seen).
5 Die Autobahn wird viel befahren, (but I prefer to go by train, because I find it more restful, more comfortable and more interesting).
6 Die neue Zeitschrift habe ich nicht gelesen, (but I hear that it is thicker, more colourful and more wide-ranging).
7 Der neue Prospekt war zwar sehr interessant, (but the prices are higher, there are fewer models to choose from, and the delivery terms are less favourable).

F. Rewrite the following sentences in the tense indicated:

1 Das läßt sich schon machen. (Perfect)
2 Doch auch hier treten Schwierigkeiten auf. (Perfect)
3 Sie gehen zum Schalter und melden sich an. (Future)
4 Sie erhalten eine Quittung. (Imperfect)
5 Haben Sie oft öffentliche Fernsprechstellen benutzt? (Present)
6 Wo kann ich telefonieren? (Future)
7 Kann ich etwas ausrichten? (Future)
8 Wollen Sie mit Herrn Zehnpfennig sprechen? (Future)
9 Wir haben ganz kurz in Stuttgart gesprochen. (Imperfect)
10 Ich fahre mit der Bundesbahn nach Stuttgart. (Perfect)
11 Ich bin wie verabredet in Stuttgart. (Perfect)
12 Ich habe mit Frau Schultze schon gesprochen. (Present)

G. Word order in 'wenn' and 'als' sentences

Examples: Er kommt heute abend. Wir gehen ins Kino. (wenn)
Wenn er heute abend kommt, gehen wir ins Kino.
Ich war in Düsseldorf. Ich habe ihn kennengelernt. (als)
Als ich in Düsseldorf war, habe ich ihn kennengelernt.

1 Sie telefonieren auf dem Marktplatz. Es ist billiger. (wenn)
2 Man geht zum Schalter. Man kann eine Quittung erhalten. (wenn)
3 Der Ort ist im Selbstwählferndienst zu erreichen. Man kann die Verbindung selbst wählen. (wenn)
4 Ich kam in Stuttgart an. Frau Schultze hat mich abgeholt. (als)
5 Ich war in Frankfurt. Ich habe mit Herrn Zehnpfennig gesprochen. (als)
6 Sie besuchen England. Sie müssen zu uns kommen. (wenn)
7 Ich möchte meine Firma in England anrufen. Die erste Null fällt weg. (wenn)
8 Ich will telefonieren. Ich gehe zur Post. (wenn)
9 Ich war gestern in der Stadt. Ich habe mit meinem Freund Kaffee getrunken. (als)
10 Ich bin in Freiburg. Ich esse sehr gern Schwarzwälder Kirschtorte. (wenn)
11 Eine Firma hat Durchwahl. Man kann unmittelbar die Nebenstelle erreichen. (wenn)
12 Er fing an, Deutsch zu sprechen. Ich konnte kein Wort verstehen. (als)

H. Rôle-playing

You are an administrator in an export office — ein Angestellter/eine Angelstellte — the switchboard operator puts through a call to you from a man calling himself Becker.

BECKER   —Guten Tag. Mein Name ist Becker. Darf ich Deutsch sprechen?
ANGESTELLTE(R)   —*(He may, of course, speak German. How can you be of assistance?)*
BECKER   —Stimmt das, daß Sie in Ihrem Programm eine elektronische Kranwaage mit Infrarot-Fernbedienung haben?

ANGESTELLTE(R)	—(*That is quite correct. It is the model CW 100. For his guidance, the price is £1850 f.o.b.*)
BECKER	—Ich wäre Ihnen sehr dankbar, wenn Sie mir Ihren neuesten Prospekt zuschicken würden.
ANGESTELLTE(R)	—(*That will be no problem at all. You will put a catalogue in the post this afternoon. You would like the name and address of Becker's company.*)
BECKER	—Mein Name ist Georg Becker. Die Firma heißt Becker GmbH, und die Anschrift lautet: 5000 Köln, Fichtestraße 127. Haben Sie übrigens einen Fernschreiber? Es geht viel schneller per Fernschreiber, wenn man bestellen will.
ANGESTELLTE(R)	—(*If he decides to place an order, he can, of course, do so by telex. You would, however, be grateful if written confirmation could follow the telex. Your telex number is 353721.*)
BECKER	—Gut. Ist in Ordnung. Ich lese mal den Prospekt durch, und dann setze ich mich mit Ihnen wieder in Verbindung.
ANGESTELLTE(R)	—(*As you said, you will send the latest catalogue and a current price list in the post this afternoon. You hope to hear from him soon. You thank him for his call.*)

Grammar   COMPARISON OF ADJECTIVES

The comparative and superlative of adjectives are formed in German very much as in English, namely by adding **–er** for the comparative and **–(e) st** for the superlative. The Germans, however, do not use 'more' and 'most' for longer adjectives as we do, but keep to **–er** and **–(e) st** in all cases: those ending in **–d, –s, –sch, –t, –x** and **–z** are the ones which need **–est**.

a) attributive adjectives (i.e. those occurring before a noun):

Positive	**Comparative**	**Superlative**
schnell	schneller	der schnellste
schön	schöner	der schönste
reich	reicher	der reichste

The comparative and superlative forms are declined as ordinary adjectives:

Ich brauche einen schnellen Zug.	I need a fast train.
Ich brauche einen schnelleren Zug.	I need a faster train.
Ich brauche den schnellsten Zug.	I need the fastest train.

Most adjectives of one syllable, when the vowel is *a, o,* or *u* (but <u>not</u> *au*), modify the vowel in the comparative and superlative forms.

alt	älter	älteste
groß	größer	größte
kurz	kürzer	kürzeste

b) irregular comparisons

Monosyllabic adjectives which do <u>not</u> modify the vowel include *brav, bunt, falsch, flach, froh, hohl, kahl, klar, lahm, rasch, rund, stolz, stumpf, voll, wahr, zahm*

gut	besser	am besten, der beste
hoch	höher	am höchsten, der höchste
nah	näher	am nächsten, der nächste
viel	mehr	am meisten, das meiste
groß	größer	am größten, der größte

Comparison in terms of equality is expressed by '*so*' or '*ebenso*' before the adjective and '*wie*' or '*als*' after it:
Er ist ebenso alt wie ich.
Herr Zehnpfennig ist ebenso reich wie Herr Schmidt.
Sie ist so klug als schön.

c) Comparison of adverbs and predicative adjectives

Adverbs and predicative adjectives form their comparative and superlative in a similar manner:

schnell	schneller	am schnellsten
breit	breiter	am breitesten

These adjectives are not declined
Dieser Zug ist schnell.
Dieser Zug ist schneller.
Dieser Zug ist am schnellsten.

Irregular comparatives include:

bald	früher	am frühesten
gern	lieber	am liebsten
gut	besser	am besten

Note: *Er wird immer reicher.* He gets richer and richer.

Useful expressions

Selbstwählferndienst	S. T. D. (Subscriber Trunk Dialling), whereby, if the subscriber knows the area code, he can call a number on a different exchange directly, without calling the operator
Ortsnetzkennzahl	area code
Durchwahl	through dialling: if a German company uses '*Durchwahl*', it means you can dial the required <u>extension</u> within that company directly, without going through the switchboard
Nebenstellen-vermittlung	the firm's switchboard
Münzfernsprecher	coin-operated phone box
Zugangsziffer	the entry code, which consists of an international prefix, which

varies from country to country, and a 'country code'. For example, if you were in Germany and wished to call England, you would dial 00 then 44. If you are in England and want to call Germany you would dial 010 then 49.

'*wohl*' is often used to express the idea of probability: '*Er ist wohl nach Hause gegangen.*' (He has probably . . .) '*vielleicht*', on the other hand, suggests only possibility – there is some doubt: '*Er ist vielleicht nach Hause gegangen.*' (He might have . . .).

Chapter 5   Die Einkaufsleiterin verhandelt mit Herrn Heller

Heller has arrived at the Zehnpfenning factory in Stuttgart, where he is met by Frau Schultze.

FRAU SCHULTZE —Herzlich willkommen in Stuttgart, der Hauptstadt des deutschen Südwestens. Wir freuen uns sehr über Ihren Besuch, Herr Heller.

HELLER —Danke schön. Ich freue mich auch, Sie in dieser schönen Stadt besuchen zu können. Ich hab' schon viel über Baden-Württemberg und insbesondere über das Schwabenland gelesen.

FRAU SCHULTZE —Werden Sie Gelegenheit haben, unsere Stadt zu besichtigen?

HELLER —Leider nicht, denn heute abend schon geht meine Fahrt nach Frankfurt weiter.

FRAU SCHULTZE —Das ist ja schade. Vielleicht das nächste Mal. Also bitte, Herr Heller, setzen wir uns hier hin. Einen Kaffee trinken Sie doch.

HELLER —Sehr gerne.

. . . .

The pleasantries are soon completed, and within minutes Heller and Frau Schultze are having a serious business conversation.

HELLER —Auf der Messe hatten wir den Eindruck, daß unsere Erzeugnisse Ihren Bedürfnissen entsprechen – und selbstverständlich möchten wir hierher exportieren.

FRAU SCHULTZE —Auf der Messe haben wir uns genau umsehen können. Die Qualität Ihrer Erzeugnisse ist gut. Wie ist es eigentlich mit der Lieferung bzw. Installation? Unsere Konstruktionsabteilung ist nämlich schon stark beansprucht.

HELLER —Unsere Leistung umfaßt Planung und Bau der Anlage, einschließlich der dazu erforderlichen Steuerung, vom ersten Entwurf über Konstruktionszeichnungen und Fertigung von Hardware und Software, sowie Installation bis zur werksamtlichen Abnahme. Das bedeutet für Sie eine Entlastung Ihrer Konstruktions-und Bauabteilung.

FRAU SCHULTZE —Das schon, aber wie ist es wirklich mit der Liefertreue? In der Zeitung liest man so viel von großen Arbeitskämpfen in England.

HELLER —Man soll nicht alles glauben, was man in der Zeitung liest. Obgleich einige Arbeitskämpfe Schlagzeilen gemacht haben, sind bei uns die Beziehungen zwischen Arbeitgebern und Arbeitnehmern sehr gut.

FRAU SCHULTZE —Kann sein. Herr Heller, wir müssen uns jetzt noch ein bißchen über die Zahlungsbedingungen unterhalten.

HELLER —Sie wurden uns als eine sehr zuverlässige Firma empfohlen, mit der man im Vertrauen handeln kann, und wir verstehen, daß Sie die Ware auf Ziel kaufen wollen. Das Zahlungsziel müssen wir noch vereinbaren, aber vermutlich haben Sie etwa 60 Tage nach Erhalt im Sinne.

FRAU SCHULTZE —Genauso ist es. So, Herr Heller, ich kann Ihnen sagen, daß Ihre Vorschläge für uns nicht uninteressant sind. Ich bespreche alles mit Herrn Zehnpfenning, und wir werden uns in den nächsten Tagen entscheiden. Wir sehen uns heute nachmittag wieder, nicht wahr?

HELLER —Ja, bei der Fabrikbesichtigung. Also, bis dahin, Frau Schultze, sag' ich Ihnen Auf Wiedersehen und schönen Dank.

Note: The abbreviation *bzw.* stands for '*beziehungsweise*', which means 'respectively', 'or', or ' . . . as the case may be'. It is most frequently met in its abbreviated form.

A. Answer in German

1 In welchem Bundesland liegt Stuttgart?
2 Warum kann Herr Heller die Stadt Stuttgart nicht besichtigen?
3 Wohin fährt Herr Heller heute abend?
4 Was hält Frau Schultze von der Qualität der angebotenen Erzeugnisse?
5 Warum kümmert sich Frau Schultze um die Installation?
6 Warum hat Frau Schultze Angst vor der Liefertreue der englischen Firma?
7 Was hat in den Zeitungen Schlagzeilen gemacht?
8 Was schlägt Herr Heller als Zahlungsziel vor?
9 Wann wird sich Frau Schultze entscheiden?
10 Wann wird Herr Heller Frau Schultze wiedersehen?

B. Translate into German

1 Did you have a chance to look round the factory?
2 That is a real pity. Perhaps you can stay longer the next time.
3 I had the impression that you were very interested.
4 Our construction division is fully occupied at the moment.
5 I read about an industrial dispute in the papers.
6 Industrial relations in our country are very good.
7 You really shouldn't believe everything you read in the papers.
8 You were recommended to us as being very trustworthy.
9 I shall make my mind up in a few days.
10 We shall see you again tomorrow morning.

C. Explain orally in German the following words or phrases:

1 Wir haben uns genau umsehen können.
2 Liefertreue.
3 Arbeitskämpfe.
4 Zahlungsbedingungen.
5 Zahlungsziel.
6 Eine zuverlässige Firma.
7 Ich bin zur Zeit sehr beansprucht.

8 Schlagzeilen machen.
9 Werksamtliche Abnahme.
10 Beziehungen zwischen Arbeitnehmern und Arbeitgebern.

D. Prepositions – *Replace the dash with the appropriate prepositional form:*

1 Ich freue mich sehr – Ihren Besuch. (I am pleased about it.)
2 Ich freue mich sehr – Ihren Besuch. (I am looking forward to it.)
3 Ich habe viel – die Frankfurter Messe in der Zeitung gelesen.
4 Morgen früh fahren wir – Düsseldorf weiter.
5 Sie müssen – dem Bus zum Hauptbahnhof fahren.
6 Der Zug fährt – Frankfurt und Köln nach Düsseldorf.
7 Wir haben uns – der Messe genau umsehen können.
8 Ich stehe Ihnen – Verfügung.
9 Fragen Sie am Eingang – Herrn Zehnpfennig.
10 Kommen Sie morgen – zehn Uhr; Frau Schultze kümmert sich – Sie.

E. Complete the following:

Mikroelektronik

Ihr– steil– Karriere verdankt die Mikroelektronik vor all– d– Tatsache, daß sie d– Wirtschaft produktiv– Impulse gibt. Mikrorechner überwachen und steuern in immer größer– Umfang technologisch– Prozesse. Ihr massenhaft– Einsatz im Produktionsprozeß ist durch d– weitgehend automatisiert– Produktion von Mikro-prozessoren möglich geworden. Flexibl– Anwendbarkeit, niedrig– Kosten, groß– Zuverlässigkeit, gering– Raum und Energiebedarf garantieren positiv– ökonomisch– Wirkungen. Die Mikroelektronik ist d– Schlüsseltechnologie für ein– kräftig– Rationalisierungsschub.

F. Translate into German:

1 Do not forget to fasten your seat-belt.
2 If you take the express train, you do not have to change.
3 I am not responsible for this department.
4 They were not recommended to us.
5 I cannot see you until 11 o'clock.
6 If your machines were not so dear, we would buy them.
7 You should not believe everything you see on the television.
8 If you do not travel, we cannot refund your money.
9 If you had not come to Frankfurt, you would not have met Frau Schultze.
10 I do not understand you. Why don't you speak more slowly?

G. Rôle-playing

Play the rôle of the buyer in this dialogue with a visiting German salesman.

BUYER —(*Welcome him to Birmingham – England's second city.*)
SALESMAN —Danke. Es ist mir immer ein Vergnügen, England zu besuchen.

BUYER	—(*Does he know Birmingham well? Has he been here before?*)
SALESMAN	—Nein, ich bin zum ersten Mal hier, und muß leider heute noch nach Manchester weiter.
BUYER	—(*Offer him a cup of coffee, or tea if he prefers it.*)
SALESMAN	—Gerne. Ich trinke lieber Kaffee – ohne Zucker.
BUYER	—(*You know his products well already. The quality has always been good. You are worried that the prices have gone up so much since Christmas.*)
SALESMAN	—Ja, aber die Rohstoffpreise haben sich wesentlich erhöht. Das wirkt sich ungünstig aus – nicht nur für Sie, sondern auch für uns.
BUYER	—(*Maybe so. You will have to discuss this with your boss. You hope to make a decision within the next few days.*)
SALESMAN	—Ich bleibe drei Tage in Manchester. Soll ich Freitag mal wieder vorbeikommen?
BUYER	—(*You don't think so. Your boss may not be available, and you don't want him to come and be disappointed. It would be better if you wrote to him.*)
SALESMAN	—Dann ist's gut. Ich bedanke mich. Meine Rufnummer haben Sie schon, nicht wahr?
BUYER	—(*You have indeed. Thank him for his visit, and wish him a safe journey.*)

H. Guided conversation

With the help of the following information record or write a summary of the dialogue:

Frau Schultze freut sich, Herrn Heller kennenzulernen. (Wer ist Frau Schultze?) Sie fragt, ob Herr Heller Stuttgart schon kennt. (Was sagt Herr Heller? Warum kann er die Stadt nicht besichtigen? Wohin fährt er?) Frau Schultze kümmert sich um die Lieferung und Installation. (Warum? Wer ist beansprucht?) Herr Heller beruhigt sie. (Wie? Was umfaßt seine Leistung?) Trotzdem hat Frau Schultze Angst. (Warum? Was hat sie gelesen?) Schon wieder beruhigt Herr Heller Frau Schultze. (Was soll sie nicht glauben? Was sagt Herr Heller von Sozialbeziehungen in England?) Herr Heller und Frau Schultze besprechen Zahlungsbedingungen. (Wie will Frau Schultze zahlen? Welche Frist wird erwähnt?) Herr Heller verabschiedet sich. (Wann sehen sie sich wieder? Unter welchen Umständen?)

Grammar   POSITION OF 'NICHT'

Revise the foregoing chapters, noting the position of 'nicht', which may be summed up as follows:

a) In a negative main clause, '*nicht*' stands immediately before the past participle, the infinitive, the separable prefix or the predicative adjective which it negates.
Bei Münzfernsprechern wird der zuviel bezahlte Betrag *nicht* zurückgegeben.
Das Frankfurter Nachtleben kann ich sowieso *nicht* empfehlen.
Der Zug kommt vor elf Uhr *nicht* an.
Die Qualität Ihrer Erzeugnisse ist *nicht* gut.

but if none of the above is present, '*nicht*' is the last word;
Das verstehe ich *nicht*.
Dieser Zug hält bis Bremen *nicht*.
b) In a negative subordinate clause, '*nicht*' stands before the finite verb.

If there is a past participle, an infinitive or a predicative adjective, '*nicht*' stands before that:
Wenn Sie sich *nicht* anschnallen, . . .
Wenn ich *nicht* gekommen wäre, . . .
Wenn Sie *nicht* kommen wollen, . . .
Wenn Ihre Erzeugnisse *nicht* teuer wären, . . .
c) If a particular word is to be negated, '*nicht*' stands immediately before that word:
Man soll *nicht* alles glauben, was man in der Zeitung liest.
Ich kann Ihnen sagen, daß Ihre Vorschläge für uns *nicht* uninteressant sind.

Useful expressions

unsere Leistung umfaßt	the service we provide includes
auf Ziel kaufen	to buy on account
wenn sich eine Gelegenheit ergibt	if an opportunity arises
ich bin zur Zeit sehr beansprucht	I am fully occupied at the moment
wir interessieren uns für Ihre Erzeugnisse	we are interested in your products

Liefertreue   This is difficult to translate in a single word. British industry has a reputation for not meeting its delivery dates, and this concept of '*Liefertreue*' is a measure of the reliance a customer can place on the promised delivery date given by the supplying company.

Zahlungsziel   '*auf Ziel kaufen*' is to buy on account/credit (e.g. '*gegen 3 Monate Ziel*'). So the *Zahlungsziel* is the agreed time by which accounts are to be settled.

Schlagzeilen machen   to hit the headlines

werksamtliche Abnahme   the official acceptance of equipment. It implies that the equipment has been installed correctly and has been tested in situ by the purchasing company's engineers and is functioning to their satisfaction.

Heller, Zehnpfennig and Frau Schultze are in reception. They are going to walk through the factory and are to be met by Herr Krause, the works foreman.

ZEHNPFENNIG   —Herr Heller, darf ich Ihnen Herrn Krause vorstellen? Er wird uns freundlicherweise durch die Werksanlagen führen.

KRAUSE   —Angenehm.

HELLER   —Guten Tag.

(*Krause leads the way as the party goes into the factory.*)

HELLER   —Die Lage der Werke unmittelbar in der Stadtmitte muß vorteilhaft sein. Schon vom Bahnhof habe ich Ihre Fabrik sehen können.

ZEHNPFENNIG   —Ja, Stuttgart hat günstige Verkehrsverbindungen zu vielen wichtigen Industriestädten – München, Karlsruhe und Frankfurt sind durch die zentrale Lage Stuttgarts bequem und schnell zu erreichen.

KRAUSE   —Hier links ist die Qualitätskontrolle. Ohne weitere Erläuterung verständlich, nicht wahr? Es ist sowieso keiner da. Gehen wir weiter. Rechts ist die Forschungsabteilung. Man arbeitet ständig an Verbesserungen, neuen Produkten und Maßnahmen zur Steigerung der Produktivität.

HELLER   —Sind Sie schon lange bei Zehnpfennig A.G. beschäftigt?

KRAUSE   —Ich bin schon seit 1958 hier. Ich kam als Schulabgänger in die Lehre zu dieser Firma. . . . Hier durch ist das Lager.

HELLER   —Haben Sie nur ein Lager?

KRAUSE   —Ja – ein Zentrallager für alle Bereiche. Hier werden Rohstoffe, Halbfabrikate und die wichtigsten Ersatzteile gelagert.

HELLER   —In London haben wir drei kleinere dezentral angeordnete Einzellager – also, Montage-, Fertigungs- und Ersatzteillager.

FRAU SCHULTZE   —Das ist interessant. So 'was möcht' ich mal sehen.

HELLER   —Es wär' mir ein Vergnügen, wenn Sie uns in London besuchen könnten. Das können wir vielleicht nachher besprechen.

FRAU SCHULTZE   —Gerne.

HELLER   —Wieviele Arbeitnehmer sind hier im Betrieb beschäftigt?

KRAUSE   —Die Hälfte – oder so ungefähr.

FRAU SCHULTZE   —Das sagt Herr Krause nur im Scherz. Es sind etwa 600 Mitarbeiter. 1974 hatten wir 1200, aber in den letzten dreizehn Jahren haben die neuentwickelten Handhabungsgeräte und Industrie-Roboter entscheidend dazu beigetragen, daß zahlreiche gefährliche und langweilige Tätigkeiten heute nicht mehr von Menschen ausgeführt werden müssen. Glücklicherweise ist dieser Personalabbau durch Ausnützen der Fluktuation und vorzeitige Pensionierung geschehen.

»Seit seiner Pensionierung fehlt Vati das Büro sehr«

KRAUSE —Jetzt die Fertigungsstraße. Auch in der Fertigung folgen wir dem allgemeinen Trend zur Automation. Hier auf der Fertigungsstraße haben die Roboter den Menschen von schwerer körperlicher Arbeit entlastet.

HELLER —Bei uns ist die Fertigungsstraße computergesteuert. Dabei laufen die Träger numerisch gesteuert über Rollbahnen von einer Bearbeitungsstation zur nächsten.

KRAUSE —Und da sind wir wieder im Büro. Hier verabschiede ich mich, Herr Heller.

HELLER —Herzlichen Dank für die Fabrikbesichtigung.

KRAUSE —Gerne geschehen. Auf Wiedersehen!

Note the different forms of German business organisation:

1. *Die Einzelfirma* (sole trader). The owner is an individual. The company's name must be formed from the surname and at least one Christian name of the owner (*Eigentümer*). The sole trader takes all the profits (*Gewinne*). The sole trader has unlimited liability (*unbeschränkte Haftung*).
2. *Offene Handelsgesellschaft – oHG* (ordinary partnership). A minimum of two partners (*Gesellschafter*) are the owners. Each partner has unlimited liability.
3. *Kommanditgesellschaft – KG* (limited partnership). A minimum of two partners are the owners. One partner at least must have unlimited liability. This is the general partner (*Komplimentär*). The other partner(s) can be limited partners (*Kommanditist*). Each of these is liable to the amount of his investment (*zur Höhe seiner Einlage*).
4. *Gesellschaft mit beschränkter Haftung – GmbH* (private limited company). Here the shareholders are the owners. Each shareholder must contribute at least DM500 capital, but is liable only to the amount of his investment. The company is run by a Board of Directors or by one director (*Geschäftsführer*).
5. *Aktiengesellschaft – AG* (public limited company). At least five persons are required to form an *Aktiengesellschaft*. The shareholders (*Aktionäre*) are only liable to the amount of their investment (*Aktien* are shares).

Summary

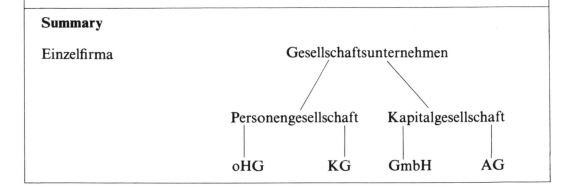

A. Answer in German

1 Wo stehen die Zehnpfennigwerke?
2 Wieso ist die Lage günstig?
3 Was macht man in der Forschungsabteilung?
4 Wie lange ist Herr Krause schon bei dieser Firma?
5 Welche Lager hat Hellers Fabrik in London?
6 Wieviele Arbeitnehmer sind in den Zehnpfennigwerken beschäftigt?
7 Warum braucht die Firma jetzt nur eine so kleine Belegschaft?
8 Was sind die Vorteile der Automation?
9 Was sind die Nachteile der Automation?
10 Beschreiben Sie die Fertigungsstraße bei Brinkmann in London.

B. Translate into German

1 May I introduce Herr Krause?
2 It must be very advantageous to be situated so close to the motorway.
3 We have very good connections to the most important industrial towns.
4 That is self-explanatory, isn't it?
5 We are constantly working on ways to improve productivity.
6 I came to this firm as a school leaver.
7 I should be very pleased if you could visit us in London.
8 In the production department we are following the general trend towards automation.
9 Fortunately the reduction in staff was achieved by natural wastage.
10 Robots have relieved human beings of many heavy, dangerous and boring tasks.
11 How many employees are there in this factory?
12 Now I must say goodbye to you.

C. Explain in German

1 Verkehrsverbindungen.
2 Er wird uns durch die Werksanlagen führen.
3 Die Werke stehen unmittelbar in der Stadtmitte.
4 Ich kam als Schulabgänger in die Lehre hierher.
5 Qualitätskontrolle.
6 Ersatzteillager.
7 Die Roboter haben entscheidend dazu beigetragen, daß . . .
8 Ausnützen der Fluktuation.
9 Vorzeitige Pensionierung.
10 Eine computergesteuerte Fertigungsstraße.

D. Put into the future tense:

1 Wir arbeiten ständig an Verbesserungen.
2 Jeden Tag bespreche ich die Einzelheiten mit dem Meister.
3 Er ist in einer neuen Fabrik beschäftigt.
4 Einige Tätigkeiten müssen von Menschen ausgeführt werden.
5 Jeden Abend verabschiede ich mich von meinen Kollegen.
6 Auch in der Fertigung sind wir dem Trend zur Automation gefolgt.
7 Ich habe ihn jeden Tag besuchen können.
8 Die Reise hat meine Frau sehr angestrengt.
9 Die Ausstellung war sehr langweilig für mich, da ich keine Fremdsprachen verstehe.
10 Er hat ein ganzes Jahr in dieser Fabrik gearbeitet.

E. Modal verbs – translate into German:

1 Everyone should visit Frankfurt at least once.
2 No, I cannot speak German. I should have worked harder at school.
3 The conference is supposed to take place in a hotel in Frankfurt.
4 I have too much to do. I'm afraid I shan't be able to come.

5 It is obvious that he can neither speak nor write German.
6 Herr Zehnpfennig had no money, so I had to pay.
7 May I speak to Frau Schultze? She is supposed to meet me in Bonn.
8 He says he cannot see you and asks if you can come back tomorrow.
9 Thou shalt not kill.
10 He is said to be very rich.
11 He could have come, but didn't want to.
12 That may well be the case, but you should still speak to him.

F. Kennen or Wissen?

1 – Sie Frankfurt? Ja, ich war öfters auf der Messe, und ich – die Stadt ganz gut.
2 Ich – nicht, ob Herr Zehnpfennig nach Frankfurt fährt. – Sie es?
3 – Sie das neue Hotel 'zum Löwen'? Ich – es überhaupt nicht.
4 Stuttgart – ich nicht gut, aber ich –, daß es die Hauptstadt des deutschen Südwestens ist.
5 Er fragte mich, wie es Frau Schultze geht, und ich – es nicht. Ich – überhaupt nicht, daß er Frau Schultze –. Er – auch Fräulein Adams, und er –, daß sie in Frankfurt gewesen ist.
6 Herr Zehnpfennig – jeden einzelnen Mitarbeiter und –, wie sie alle heißen. Ich – nicht, wie er es macht.
7 Soviel ich –, ist er schon abgereist. – Sie, wo der Bahnhof ist? Nein, diese Stadt – ich überhaupt nicht.
8 Die Polizei hat ihn verhaftet? Das – ich nicht. Ich – ihn nur als anständig und bescheiden.
9 Was willst du eigentlich? Ich – dich nicht mehr. Du – doch, daß ich gehen muß.
10 – Sie schon unsere Erzeugnisse? Nein, aber ich – Ihren Ruf, und –, daß Herr Zehnpfennig Sie für vertrauenswürdig hält.
11 Ich – ihn schon seit Jahren und –, daß er ehrlich ist.
12 – Sie, wann der Zug ankommt? Nein, aber eine Auskunftstelle befindet sich in der Schillerstraße. – Sie die Schillerstraße? – Sie, wo sie ist?

G. Translate into German:

1 Are you going to exhibit in Düsseldorf next summer?
2 The next time I go to Germany, I shall fly to Stuttgart.
3 This firm will have to reduce the size of its workforce.
4 I am catching the train to Frankfurt in the morning.
5 I shall meet you at the main entrance.
6 He will probably be there already.
7 My secretary will phone and reserve a table.
8 Are they going to give you a guided tour?
9 They are going to build a new factory right by the motorway.
10 I shall have to visit him again next month.

H. Rôle-playing

You are taking a German visitor round your factory. (Believe us, if you speak German, this task will be given to you!) Play the part of the guide.

GUIDE	—(*Good morning. I am going to give you a guided tour through our factory.*)
GUEST	—Danke, Das muß sehr vorteilhaft sein, daß Ihre Fabrik unmittelbar an der Autobahn steht.
GUIDE	—(*Yes indeed. We are well situated for Birmingham, Southampton and the West.*)
GUEST	—Sind Sie schon lange bei dieser Firma beschäftigt?
GUIDE	—(*Not really: you have been here 18 months. On our left, by the way, is the research department.*)
GUEST	—Ja, man muß ständig an Verbesserungen arbeiten.
GUIDE	—(*Not only that, but on new products and ways of improving productivity.*)
GUEST	—Wieviele Mitarbeiter sind hier beschäftigt?
GUIDE	—(*At the moment we have 300 workers. Two years ago there were nearly 600, but the new materials handling machines mean that many dangerous and boring jobs don't have to be done by humans. Here we are back at reception.*)
GUEST	—Vielen Dank für den Einblick ins Arbeitgebiet Ihres Unternehmens.
GUIDE	—(*The pleasure was yours. Thank him for his interest. Good-bye.*)

I. Translate into German:

Hello! Could I speak to Herr Zehnpfennig please? I'm sorry, this is a very bad line, could you speak more slowly? Oh, I see, he's not in. In that case, could I speak to Mrs. Schultze?

Good morning, Mrs. Schultze. This is Peter Decker. If you remember, we met briefly in Frankfurt at the Motor Show. Yes, that's right, I was wanting to visit your factory. As a matter of fact I shall be in Stuttgart tomorrow morning, and I could be with you at ten o'clock if it is convenient. I really would appreciate a guided tour of your site. Perhaps we could also discuss delivery arrangements. You did have some queries, didn't you?

Would it be possible to speak with someone from your Research and Development department? There are one or two points I want to clarify. Yes, that's right, I am especially interested in your plans for automation. Fine. Until then. Thank you, Frau Schultze. Good-bye.

Grammar   REVISION OF THE FUTURE TENSE

1. The future tense is formed with the present tense of the verb '*werden*' (shall/will in English) plus the infinitive:

Wir *werden* nächstes Jahr in Frankfurt ausstellen.
2. The infinitive stands at the end of its clause or sentence:
   Diesen Sommer werde ich geschäftlich in Hamburg *sein*.
   Ich werde Herrn Zehnpfennig *besuchen*.
3. Provided that the future meaning is made quite clear (e.g. by the use of an adverb), the present tense may be used:
   Ich schreibe ihm morgen.
   Ich kann heute nicht fahren; ich fahre morgen.
4. The future can be used to express probability:
   Er wird schon zu Hause sein.

Useful expressions

die Montage	assembly, assembling
die Fertigung	production, manufacture
die Handhabung	materials handling
das Ersatzteillager	spare parts store – note the three parts of the word:
	1. *ersetzen* – to replace/substitute
	2. *der/das Teil* – part/component/division
	3. *das Lager* – store/depot/warehouse
beitragen	contribute to/be conducive/promote
'*wesentlich*' or '*entscheidend*' *dazu beitragen*	to go a long way towards, be instrumental in
Personalabbau durch Fluktuation	reduction of work-force by natural wastage
vorzeitige Pensionierung	early retirement

HELLER	—Das ist aber nett von Ihnen, mich wegzubringen. Ich brauche also keine Angst zu haben – sonst hätte ich die ganze Nacht befürchtet, den Flug zu versäumen.
LANG	—Es macht mir keine Mühe, Sie zum Flughafen zu bringen, ich fahre sowieso daran vorbei. Ich wollte Ihnen nur raten, erstens die Altstadt in Düsseldorf zu besuchen, und zweitens durch das ganze Ruhrgebiet zu fahren – es lohnt sich.
HELLER	—Tu' ich bestimmt: aber welche Städte meinen Sie damit?
LANG	—Also: Duisburg; Oberhausen; Essen; Gelsenkirchen; Bochum; Dortmund; Wuppertal – jede von diesen Städten hat ihre Besonderheiten.
HELLER	—Ich bin heute um zwei Uhr zu einer Konferenz verabredet und muß vorher ein Auto mieten, aber heute abend gehe ich in die Düsseldorfer Altstadt.
LANG	—Das Auto hätten Sie von hier aus mieten können, wußten Sie das nicht?
HELLER	—Ich glaube, mein Partner wird mich mit dem Wagen am Düsseldorfer Flughafen abholen. Wir müssen direkt zum Büro fahren, und nachher habe ich ein bißchen Zeit und kann mir ein passendes Auto besorgen.
LANG	—Düsseldorf wird Ihnen bestimmt gefallen – eine herrliche Stadt. Als Landeshauptstadt von Nordrhein-Westfalen hat es eine Atmosphäre von Wohlstand, die geradezu imponierend ist. Wo liegt denn das Büro von Klopper?
HELLER	—In der Königsallee, glaube ich.
LANG	—Ach die Kö – eine der schönsten Straßen in der ganzen Bundesrepublik. Dort müßten Sie eigentlich einen ganzen Tag verbringen, um einen richtigen Eindruck zu bekommen.
HELLER	—Ich werde mich bemühen, so viel wie möglich in der etwas knappen Zeit zu sehen. Werden Sie auch in diesen Tagen viel zu tun haben?
LANG	—Ja, ich hoffe noch heute den Vertrag für eine ziemlich große elektronische Anlage zu unterzeichnen – bis jetzt hat alles sehr gut geklappt.
HELLER	—Ich fange allmählich an, mich hier ganz zu Hause zu fühlen. Hoffentlich werde ich in Zukunft regelmäßig in die Bundesrepublik kommen.
LANG	—Dann werden wir uns bestimmt wiedersehen! Ich wünsche Ihnen erfolgreiche Tage im Ruhrgebiet!
HELLER	—Ebenfalls! Kommen Sie gut nach Hause! Auf Wiedersehen, und vielen Dank!

Note: North Rhine Westphalia is the richest of all the *Bundesländer*, and its wealth comes largely from the *Ruhrgebiet,* the biggest industrial area in Germany, with a total population of five or six million. While it could be described as a conurbation, it should be made clear that it includes areas of farming land and is far from being completely built up.

A. Answer in German

1 Wie fährt Herr Heller zum Frankfurter Flughafen?
2 Warum macht es Herrn Lang keine Mühe, ihn dahin zu bringen?
3 Welchen Rat gibt Herr Lang Herrn Heller?
4 Was macht Herr Heller um zwei Uhr?
5 Was muß er vorher erledigen?
6 Wohin wird er vom Düsseldorfer Flughafen fahren?
7 Von welchem Bundesland ist Düsseldorf die Hauptstadt?
8 In welcher berühmten Straße liegt das Büro von Klopper?
9 Was hat Herr Lang für heute vor?
10 Wie fühlt sich Herr Heller jetzt in der Bundesrepublik?
11 Möchte er noch einmal nach Deutschland kommen?
12 Was wünscht ihm Herr Lang?

B. Translate into German

1 I don't need to worry at all.
2 I'm going that way anyway.
3 I have an engagement for two o'clock.
4 You could have done that from here.
5 We are going straight to the office.
6 You would need to spend a whole day there.
7 The time's a little short.
8 Everything has gone swimmingly.
9 I'm gradually beginning to feel at home here.
10 Same to you!

C. Order of adverbs

Example: Er reist (in die Schweiz im August jedes Jahr).
                    Er reist jedes Jahr im August in die Schweiz.

1 Der Zug fuhr ein (planmäßig auf Gleis 4 heute).
2 Soll ich also ankommen (in Stuttgart um halb zehn Dienstag)?
3 Wir fahren (nach München nächste Woche mit dem D-Zug).
4 Wir sind gelandet (in Frankfurt pünktlich jetzt).
5 Er ist geblieben (wegen Krankheit gestern zu Hause).
6 Ich reise (nach Spanien am liebsten im Winter).
7 Sie müssen fahren (über eine Umleitung wegen der Baustelle morgen).
8 Ich habe eine Panne gehabt (unglücklicherweise auf der Autobahn vorgestern).

D. Adjectives formed from place names

Example: Die Philharmoniker (Wien)
Die Wiener Philharmoniker

1 Der Dom (Köln)
3 Der Hafen (Hamburg)
5 Das Wetter (London)
7 Das Schloß (Edinburg)

2 Das Hofbräuhaus (München)
4 Die Theatersaison (Berlin)
6 Die Festspiele (Salzburg)
8 Die Kunstsammlungen (Paris)

E. Dative verbs – put into the plural:

Example: Er gratuliert mir herzlich.
Sie gratulieren uns herzlich.

1 Ich helfe dir gern.
2 Dieses Buch gehört dem Lehrer.
3 Er folgte ihr.
4 Ich bin ihm auf der Straße begegnet.
5 Das Kleid paßt dir gut.
6 Er drohte mir ständig.
7 Sie glaubt ihm nicht.
8 Ich tue es, wenn er es mir befiehlt.

F. Example: Könnte ich das von hier aus machen?
Jetzt nicht, aber früher hätten Sie das von hier aus machen können.

1 Sollte ich es ihm sagen?
2 Dürfte ich ihn anrufen?
3 Müßte ich eigentlich den ganzen Tag bleiben?
4 Könnte ich das hier kaufen?
5 Sollte ich ihr einen Brief schreiben?

G. Rôle-playing

Play the part of Mr Lang, who is giving Mr Heller a lift to Frankfurt airport.

HELLER	—Es ist wirklich freundlich von Ihnen, mich zum Flughafen zu bringen: ich weiß kaum, wie ich Ihnen danken soll.
LANG	—*(Tell him it's no trouble, you were driving past the airport anyway.)*
HELLER	—Ich freue mich auf die Gelegenheit, Düsseldorf ein bißchen kennenzulernen.
LANG	—*(Tell him he must see the old town and the Königsallee, which are both very beautiful.)*
HELLER	—Ich werde bestimmt ein Auto mieten, um die Stadt zu besichtigen und auch um durch das Ruhrgebiet zu fahren.
LANG	—*(Say that he could have arranged the car hire from here and collected the car at Düsseldorf airport.)*
HELLER	—Ich habe nicht daran gedacht, aber das macht nichts: das tue ich sofort bei der Ankunft.

LANG	—(*Say that all the towns in the Ruhrgebiet are worth visiting, although the air in Duisburg and Oberhausen is very dirty.*)
HELLER	—Das ist wegen der Stahlwerke, nicht? Ich habe gehört, die Luft habe geradezu eine rötliche Farbe!
LANG	—(*Say it's on account of the heavy industry in the Ruhrgebiet that North Rhine Westphalia is the richest Land in the Federal Republic.*)
HELLER	—Dann müßte ich gute Absatzmöglichkeiten für meine Werkzeugmaschinen finden.
LANG	—(*Only if the prices and delivery times are right, but he doesn't need you to tell him that.*)
HELLER	—Das stimmt: meine Kunden sind sehr zufrieden mit der Qualität der Waren, aber sie haben tatsächlich schlimme Erfahrungen mit unseren Lieferzeiten gehabt: das müssen wir unbedingt verbessern.
LANG	—(*Wish him a successful business trip and all the best.*)
HELLER	—Gleichfalls, und noch einmal vielen Dank!

H. Guided conversation

With the help of the following information record or write a summary of the dialogue:

Herr Heller ist Herrn Lang sehr dankbar. (Wofür?) Er hätte sich sonst geängstigt. (Warum?) Herr Lang behauptet, es mache ihm keine Mühe (Wieso?) und gibt Herrn Heller zwei Ratschläge. (Welche?) Er nennt einige Ruhrgebietstädte. (Welche?) Herr Heller hat einen Termin für zwei Uhr. (Wozu?) Wie wird er den Abend verbringen? Wie wird er am Düsseldorfer Flughafen abgeholt? Herr Lang empfiehlt Düsseldorf (Wofür?) und besonders die Königsallee. (Was für eine Straße ist diese?) Herr Heller fühlt sich wie zu Hause, und freut sich auf weitere Besuche in der Bundesrepublik.

Grammar	**ORDER OF ADVERBS** **PLACE NAME ADJECTIVES** **DATIVE VERBS** **CONDITIONAL PERFECT TENSE**

1. If two or more adverbs or adverbial phrases occur in a sentence, they normally come in the following order: 1. TIME 2. MANNER 3. PLACE

    Wir sollen direkt zum Büro fahren.

    Er wird mich mit dem Wagen am Düsseldorfer Flughafen abholen.

    Wir fahren morgen mit dem ersten Zug nach Stuttgart.

Though shorter items may on occasion take priority:

    Ich fange allmählich an. mich hier ganz zu Hause zu fühlen.

If two adverbs of the same sort occur in a sentence, the more general precedes the more specific:

    Ich bin heute um zwei Uhr zu einer Konferenz verabredet.

2. Adjectives can be formed from the names of cities etc. by adding **-er** to the place name. These adjectives always have a capital letter and are invariable, i.e. they do not decline:

> am *Düsseldorfer* Flughafen
> zur *Frankfurter* Messe
> vom *Stuttgarter* Bahnhof

3. The following are the commonest verbs which govern the dative case: *befehlen, begegnen, danken, drohen, einfallen, erlauben, folgen, gefallen, gehören, gelingen, gratulieren, glauben, helfen, passen, raten, verzeihen.*

> Ich wollte Ihnen nur raten.
> Düsseldorf wird Ihnen bestimmt gefallen.
> Ich weiß kaum, wie ich Ihnen danken soll.

4. The conditional perfect tense is most commonly formed with the imperfect subjunctive of the auxiliary plus the past participle:

> Sonst *hätte* ich die ganze Nacht *befürchtet*, den Flug zu versäumen.
> Ich *hätte* lieber mit Frau Schultze *gesprochen*.
> Ich *wäre* lieber zu Hause *geblieben*.

Note that instead of the past participle of a modal verb, the infinitive is used:

> Das Auto hätten Sie von hier aus mieten *können*.

Useful expressions

erstens, zweitens, drittens etc.   firstly, secondly, thirdly etc.

ebenfalls and *gleichfalls*, both meaning literally 'likewise', are often used for reciprocating good wishes.

FRAU LINDEN	—Also, willkommen in Duisburg, Herr Heller! Wie war die Fahrt von Düsseldorf?
HELLER	—Es hat ganz gut geklappt, danke, Frau Linden. Hoffentlich bin ich pünktlich.
FRAU LINDEN	—Zeitig sogar, was sehr günstig ist, denn Sie wollen durch das ganze Ruhrgebiet fahren, nicht? Ich soll sozusagen Ihre Reiseleiterin sein, oder so hat es mein Chef ausgedrückt.
HELLER	—Ich bin Ihnen dafür sehr verbunden. Ich möchte nämlich die Städte sehen, wo meine Kunden Zweigstellen haben, und diese liegen überall im Ruhrgebiet. Sollen wir in den Wagen einsteigen?
FRAU LINDEN	—Ich schlage also vor, daß wir von hier über Hamborn und Oberhausen nach Essen fahren, um uns dort ein bißchen umzusehen. Dann über Gelsenkirchen nach Bochum und anschließend über Witten und Mülheim zurück nach Duisburg. Mehr kann man an einem Tag nicht schaffen.
HELLER	—Einverstanden. Sie müssen leider auch gewissermaßen meine Fahrlehrerin sein, denn ich bin mit deutschen Verkehrsverhältnissen nicht völlig vertraut. Also los!
FRAU LINDEN	—Jetzt alle Fenster zu und die Nase zuhalten! Wir fahren durch Oberhausen.
HELLER	—Ich glaube, alle Stahl-Städte sind so, wie bei uns in der Nähe von Sheffield.
FRAU LINDEN	—Wir haben den Ruhrschnellweg verlassen, um einen näheren Eindruck von den Vororten von Essen zu bekommen.
HELLER	—Ich habe dieses Verkehrsschild nicht verstanden: was bedeutet 'Anlieger frei'?
FRAU LINDEN	—Das heißt, nur die Bewohner der Häuser an dieser Straße dürfen hier parken.
HELLER	—Diese Stadtmitte finde ich wirklich imponierend, mit dem riesigen Park und den kolossalen Kaufhäusern, und alles so sauber! Essen gefällt mir sehr.
FRAU LINDEN	—Der Grugapark ist tatsächlich enorm. Sie werden Bochum vielleicht nicht so schön finden, aber zunächst fahren wir durch die Heimatstadt von Schalke 04.
HELLER	—So, hier sind wir in Bochum. Das gigantische Gebäude drüben gefällt mir nicht so sehr.
FRAU LINDEN	—Dieser ekelhafte Betonklotz ist die Universität. Das entspricht dem wunderlichen Geschmack der sechziger Jahre.
HELLER	—Ich merke, daß viele Verkehrszeichen, die bei uns erst kürzlich eingeführt worden sind, hier schon jahrelang stehen. Es lebe die Standardisierung in der EG!
FRAU LINDEN	—Sie fahren doch auf einer Landstraße, und hätten nicht so durch Witten und Mülheim rasen sollen!

HELLER —Ach, das ist nur meine Sehnsucht, mich wieder in Ihrem geliebten Duisburg zu befinden. Sehen Sie – hier ist die Salvatorkirche schon!

Notes: 1. Essen has a well-merited reputation as a shopping centre (*Einkaufsstadt*).
2. Grugapark, named from the *Große Ruhrländische Gartenbau-Ausstellung* in 1929, for which the park was laid out. It contains the *Grugahalle* which seats 10,000.
3. *Schalke 04* (pronounced *null vier*), one of the most renowned German football teams, is based in Gelsenkirchen.
4. *Salvatorkirche:* a celebrated old evangelical church in the centre of Duisburg.

A. Answer in German

1 Wo befindet sich Herr Heller am Anfang des Textes?
2 Von wo aus ist er dorthin gefahren?
3 Wohin will er jetzt fahren?
4 Welche Route schlägt Frau Linden vor?
5 Warum ist es ratsam, sich in Oberhausen die Nase zuzuhalten?
6 Ist dieses Phänomen in England unbekannt?
7 Was steht auf dem Verkehrsschild, das Herr Heller nicht versteht?
8 Welchen Eindruck hat Herr Heller von der Essener Stadtmitte?
9 Welches ist das auffallendste Gebäude in Bochum?
10 Warum sieht man dieselben Verkehrszeichen in Großbritannien und der BRD?
11 Wie fährt Herr Heller durch Witten und Mülheim?
12 Wie heißt die Hauptkirche von Duisburg?

B. Translate into German

1 It worked out quite well.
2 That's the way my boss put it.
3 I'm much obliged to you for that.
4 That's as much as one can manage in a day.
5 He'll have to be my teacher to some extent.
6 We want to get a closer impression of the suburbs.
7 I'm not so keen on that building.
8 That reflects the weird ideas of the sixties.
9 You should't have roared through Essen like that.
10 We are driving via Dortmund to Hamm.

C. Example: Wir fahren nach Essen. Wir Sehen uns dort ein bißchen um.
Wir fahren nach Essen, um uns dort ein bißchen umzusehen.

1 Wir verlassen den Ruhrschnellweg. Wir bekommen einen näheren Eindruck von den Vororten.
2 Wir fahren nach Gelsenkirchen. Wir sehen Schalke 04 spielen.
3 Er wohnt in Bochum. Er studiert dort an der Universität.

4 Sie ist heute in Duisburg. Sie besucht ein Konzert in der Salvatorkirche.
5 Sie gehen um zehn Uhr ins Büro. Sie sprechen mit Herrn Zehnpfennig.

D. Replace the dash by the appropriate German form of the pronoun given in brackets:

1 Das ist – völlig fremd. (me)
2 Ich stehe – zur Verfügung. (you)
3 Er ist – sehr dankbar. (her)
4 Sie bleibt – immer treu. (him)
5 Wir sind – sehr verbunden. (you)
6 Der Mann ist – bekannt. (me)

E. Rewrite, changing the verb into the tense indicated:

1 Wie war die Fahrt von Düsseldorf? (Perfect)
2 Sie wollen durch das ganze Ruhrgebiet fahren. (Imperfect)
3 So hat es mein Chef ausgedrückt. (Pluperfect)
4 Ich schlage vor, daß wir nach Essen fahren. (Future)
5 Mehr können wir an einem Tag nicht schaffen. (Perfect)
6 Wir haben den Ruhrschnellweg verlassen. (Present)
7 Ich habe dieses Verkehrsschild nicht verstanden. (Imperfect)
8 Nur die Bewohner der Häuser an dieser Straße dürfen hier parken. (Future)
9 Sie werden Bochum nicht so schön finden. (Perfect)
10 Zunächst fahren wir durch die Heimatstadt von Schalke 04. (Pluperfect)
11 Sie hätten nicht so durch Witten rasen sollen. (Present)
12 Sie fahren doch auf einer Landstraße. (Imperfect)

F. Translate into German:

1 I should have had to wait two hours.
2 In the first place he can't swim, in the second place it is much too cold.
3 We are eating in the old town and going on to the cinema.
4 I'm not bothering about that eccentric old man.
5 I am glad to be in your beloved country again.
6 Will you allow me to congratulate you?
7 He is going to Hamburg this morning by train.
8 They are coming with me in order to see my car.
9 I am surprised that you don't know him already.
10 I should like to travel by the overhead railway in Wuppertal.

G. Rôle-playing

Play the rôle of Frau Linden in the following dialogue; she is to guide Herr Heller on a tour by car of the Ruhrgebiet.

FRAU LINDEN   —(*Welcome him to Duisburg and ask him how his journey from Düsseldorf was.*)

HELLER	—Sehr bequem, danke. Hoffentlich haben Sie nicht auf mich warten müssen.
FRAU LINDEN	—*(No, he is very punctual. You are to be his guide through the whole Ruhrgebiet, your boss has told you.)*
HELLER	—Ich bin Ihnen dafür sehr verbunden. Welche Städte werden wir sehen?
FRAU LINDEN	—*(You suggest driving via Oberhausen to Essen, then via Gelsenkirchen to Bochum and thereafter via Witten back to Duisburg.)*
HELLER	—Was gibt es denn in Essen zu sehen?
FRAU LINDEN	—*(There's a huge park called the Grugapark, and Essen is a very good town for shopping.)*
HELLER	—Na schön, und weswegen ist Gelsenkirchen berühmt?
FRAU LINDEN	—*(Chiefly for its football team, Schalke 04, but anyway you're just driving past it.)*
HELLER	—Was werden wir dann in Bochum sehen?
FRAU LINDEN	—*(Above all the university, the largest concrete building you've ever seen.)*
HELLER	—Dortmund und Wuppertal werden wir also nicht sehen? Ich wäre gern einmal mit der Schwebebahn gefahren.
FRAU LINDEN	—*(That must wait for his next visit.)*

H. Guided conversation

With the help of the following information record or write a summary of the dialogue:

Frau Linden begrüßt Herrn Heller und bestätigt, daß sie ihn durch das Ruhrgebiet begleiten wird. (Wer hat ihr diesen Auftrag gegeben?) Sie schlägt eine Route vor. (Durch welche Städte?) Herr Heller bedankt sich und erklärt, warum er diese Rundfahrt machen möchte. (Welches Verkehrsschild ist ihm unbekannt? Was bedeutet es?) Essen gefällt ihm (Was beeindruckt ihn?), Bochum aber nicht. (Was findet er häßlich?) Er ist froh, wieder in Duisburg zu sein. (Welches Gebäude erkennt er?)

Grammar	**PERFECT AND IMPERFECT DATIVE ADJECTIVES**

1. Note the greater frequency of the Perfect Tense in the dialogue:
> Das hat ganz gut geklappt.
> So hat es mein Chef ausgedrückt.
> Wir haben den Ruhrschnellweg verlassen.
> Ich habe dieses Verkehrsschild nicht verstanden.
> Verkehrszeichen, die bei uns erst kürzlich eingeführt worden sind.

It must be stressed that, although the Imperfect is more used in northern Germany than in southern areas, the Perfect is the predominant past tense of German conversation.

2. Many adjectives are used with the dative case, and normally follow the dative noun or pronoun dependent on them. The commonest of these are: *bekannt, dankbar,*

fremd, gleich, nah(e), schuldig, treu, willkommen, verbunden – likewise *unbekannt, undankbar, untreu* etc.

Dieses Verkehrsschild ist mir unbekannt.
Ich bin Ihnen dafür sehr verbunden.
Er war ihr sehr dankbar.
Sie war dem Weinen nahe.

Useful expressions

wunderlich   strange, odd, eccentric. Not to be confused with *wunderbar* and *wundervoll*, which both mean wonderful, marvellous. Note also *sich wundern (über etwas)* to be astonished, and the impersonal expression *es wundert mich, daß* . . . for 'I am surprised that . . . '

anschließend   following, next, adjacent, then, thereafter. Used of contiguity in space or time; a useful word which English lacks:
Anschließend gingen wir ins Theater.
Eine Schule mit anschließendem Sportplatz.

HERR HELLER	—Ich habe eine Menge Prospekte vom Reisebüro mitgebracht. Sollen wir zusammen unseren Urlaub in Deutschland planen?
FRAU HELLER	—Gerne – ich freue mich so darauf. Was hast du denn da?
HERR HELLER	—Na, mal sehen: Prospekte über das Rheinland, Westfalen und das Sauerland, Ostfriesland, den Schwarzwald, Bayern, das Harzgebirge und über zwanzig mehr – ich glaube, aus allen Bundesländern. Alles hängt davon ab, welches Gebiet du vorziehen würdest.
FRAU HELLER	—Was würdest du vorschlagen? Du kennst ja schon Frankfurt, Stuttgart, Düsseldorf und so weiter. Du weißt besser Bescheid als ich. Wohin möchtest du am liebsten fahren?
HERR HELLER	—Also lieber nicht in diese Halbmillionenstädte: einen Urlaub würden wir besser in einer Kleinstadt genießen, oder vielleicht auf dem Lande, wenn du willst.
FRAU HELLER	—Oder könnten wir die DDR besuchen? Dresden möchte ich gern sehen.
HERR HELLER	—Na klar, und die DDR hat wunderbare mittelalterliche Kleinstädte wie Quedlinburg, Wernigerode und Stolberg. Leider gibt es komische Währungsvorschriften für Touristen in der DDR: man muß unbedingt soundsoviel Mark pro Tag ausgeben, ob man will oder nicht, und das mag ich nicht.
FRAU HELLER	—Hier ist ein Prospekt mit dem Titel 'Die Romantische Straße'. Das klingt schön.
HERR HELLER	—Barbara, du hast immer die besten Einfälle! Das wäre ganz prima: wir könnten den Schwarzwald besuchen, und Würzburg und Rothenburg ob der Tauber – ja, ich würde mich sehr gern für die Romantische Straße entscheiden, da hast du gut gewählt.
FRAU HELLER	—Ich habe gar nichts gewählt, erkläre doch mal, was diese Romantische Straße ist.
HERR HELLER	—Das ist eine szenische Route zwischen Würzburg und Füssen, dreihundertfünfzig Kilometer insgesamt, aber mit übernachtungen, zum Beispiel, in Rothenburg, Dinkelsbühl, Augsburg und Füssen, braucht man mindestens eine Woche dafür, dann könnten wir weiter nach Süden ziehen und etwas mehr von Bayern sehen.
FRAU HELLER	—Wenn wir mit unserem eigenen Wagen fahren, anstatt erst dort ein Auto zu mieten, dann können wir durch das Rheintal fahren; das wäre auch schön, Peter.
HERR HELLER	—Nun, wenn wir mehr Geld hätten, würden wir die Rheinfahrt mit unserem eigenen Boot machen . . . aber du hast recht, es würde sich vielleicht lohnen, den Wagen mitzunehmen. Wir werden darüber nachdenken.

Note:the word *Großstadt* means a town of more than 100,000 inhabitants. The word *Halbmillionenstadt* is of more recent coinage. The Bundesrepublik has twelve of these, as follows (population in brackets – figures from the Statistisches Jahrbuch 1983 published by the Statistisches Bundesamt):

West Berlin	(1,879,000)	Essen	(642,000)	Stuttgart	(575,000)
Hamburg	(1,630,000)	Frankfurt	(623,000)	Duisburg	(552,000)
München	(1,288,000)	Dortmund	(603,000)	Bremen	(551,000)
Köln	(968,000)	Düsseldorf	(586,000)	Hannover	(528,000)

A. Answer in German

1 Was hat Herr Heller nach Hause mitgebracht?
2 Worüber geben die Reiseprospekte Auskunft?
3 Wieso weiß Herr Heller besser Bescheid als seine Frau?
4 Warum möchte Frau Heller vielleicht die DDR besuchen?
5 Warum lehnt Herr Heller diesen Vorschlag ab?
6 Wie heißt der Prospekt, den Frau Heller in die Hand nimmt?
7 Was denkt Herr Heller darüber?
8 Wie beschreibt Herr Heller die Romantische Straße?
9 Wo könnten sie auf dieser Route übernachten?
10 Welches andere Gebiet können sie sehen, wenn sie den Wagen mitnehmen?

B. Translate into German

1 A load of pamphlets.
2 Everything depends on that.
3 What would you suggest?
4 You know better than I.
5 In the country.
6 One needs at least a week.
7 Perhaps it might be worth while.
8 We'll think about it.
9 I'm so looking forward to it.
10 Four hundred kilometres altogether.

C. Rewrite in the Conditional:

1 Welches Gebiet wirst du vorziehen?
2 Was schlägst du vor?
3 Das war ganz prima!
4 Einen Urlaub werden wir besser in einer Kleinstadt genießen.
5 Das ist auch schön.
6 Ich entschließe mich sehr gern dafür.

D. Translate into German, sprinkling as you see fit 'denn', 'doch', 'ja', 'mal', 'nämlich':

1 What was your name again?
2 That's a pity, of course.

3 Just look!
4 The factory is next to the station, you see.
5 But just explain!
6 You already know Frankfurt, of course.
7 But you're driving on a motorway!
8 The emperor used to be crowned here, you see.

E. Word order; rewrite, placing the part underlined at the beginning of the sentence:

1 Einen Urlaub würden wir besser in einer Kleinstadt genießen.
2 Ich glaube, aus allen Bundesländern.
3 Dresden möchte ich gern sehen.
4 Leider gibt es komische Währungsvorschriften für Touristen in der DDR.
5 Das klingt schön.
6 Man muß unbedingt soundsoviel Mark pro Tag ausgeben.
7 Wir könnten den Schwarzwald besuchen.
8 Wir werden darüber nachdenken.

F. Conditional clauses – put into the conditional tense:

Example: Wenn wir mehr Geld haben, werden wir die Rheinfahrt mit unserem eigenen Boot machen.
Wenn wir mehr Geld hätten, würden wir die Rheinfahrt mit unserem eigenen Boot machen.

1 Wenn wir mit unserem eigenen Wagen fahren, können wir durch das Rheintal fahren.
2 Wenn Sie mit uns kommen können, werden wir immer noch Platz haben.
3 Ich werde dir helfen, wenn ich Zeit habe.
4 Wenn sie mir heute schreibt, werde ich den Brief morgen bekommen.
5 Er kann uns das Geld geben, wenn sein Vater es erlaubt.

G. Rôle-playing

Play the part of Mr Heller in the following dialogue; you are discussing your holiday.

HERR HELLER   —(*Tell your wife you have brought some brochures from the travel agency.*)
FRAU HELLER   —Schön – dann können wir unseren Urlaub planen: wohin sollen wir fahren?
HERR HELLER   —(*Ask which she would prefer between the Rhineland, Westphalia, the Black Forest and Bavaria.*)
FRAU HELLER   —Ich hätte gern die DDR besucht, wenn das möglich wäre.
HERR HELLER   —(*It is possible of course, but there are difficulties with it.*)
FRAU HELLER   —Wie wäre es, wenn wir diese Romantische Straße kennenlernen wollten?
HERR HELLER   —(*That would be a good idea – you could visit the Black Forest and Bavaria.*)

FRAU HELLER —Und wo würden wir dabei übernachten? Ich würde gern einen kurzen Aufenthalt in Augsburg haben.

HERR HELLER —(*Yes, you could spend two nights in Augsburg, and it would be worthwhile spending two nights in Füssen too.*)

FRAU HELLER —So? Was gibt es denn in Füssen zu sehen? Ich habe nie davon gehört.

HERR HELLER —(*It is only four kilometres from the castle of Neuschwanstein – she has surely heard of that.*)

FRAU HELLER —Ach, Ludwig II und so: was für ein Quatsch! Das hat mit dem heutigen Deutschland gar nichts zu tun! Warum willst du das sehen?

HERR HELLER —(*It is simply beautiful. Does one need any other reason?*)

H. Guided conversation

With the help of the following information record or write a summary of the dialogue:

Herr Heller erklärt seiner Frau, welche Reiseprospekte er nach Hause gebracht hat, (Wo hat er sie gefunden?) und fragt sie, wo sie am liebsten ihren Urlaub verbringen möchte. Sie schlägt die DDR vor, aber ihr Mann möchte nicht dahin fahren. (Warum?) Sie erwähnt die Romantische Straße, und ihr Mann ist davon begeistert. (Warum?) Er nennt einige Orte, wo man übernachten könnte (Welche?), und empfiehlt eine weitere Strecke nach der Romantischen Straße. (Wohin?) Seine Frau glaubt, daß es sich lohnen würde, den Wagen mitzunehmen (Warum?), und ihr Mann verspricht, diesen Vorschlag später zu überlegen.

I. Translate into German:

Unfortunately I have no time at the moment, because I have an appointment at eleven o'clock. This is important and I need to spend the whole day there. Afterwards I shall go straight to the hotel. If you could pick me up at seven-thirty, I should be much obliged to you.

Perhaps we could have a look round the town centre before dinner? I know we cannot manage everything in one evening, but perhaps I can get an impression of the place. I don't know when I shall be back in your beautiful country again, and I simply must have a ride on the overhead railway in Wuppertal before I go home.

I am determined to come back here for a holiday. I have all kinds of brochures and pamphlets. In particular I should like to drive down the Rhine valley from Cologne to Koblenz. If I had the chance, I should go on the Rhine steamer in October. My wife and I both love German wine.

Grammar	PARTICLES
	CONDITIONAL SENTENCES

1. As Hammer so forcefully puts it in his excellent *German Grammar and Usage* (p. 145): 'Colloquial German stands or falls by an ample scattering of *denn, doch, ja,* *mal*, *schon*, *so* etc., without which it sounds bleak and impersonal.' These words are exceedingly difficult to translate, and often supply the sentence with a tone which in English is communicated purely by the intonation and so exists only in the spoken and not in the written language. The student can acquire skill in their use only by noting every occurrence and thus developing his feeling for the language (*Sprachgefühl*). Other particles include *aber*, *eben*, *gar*, *nämlich* and *wohl* – see also earlier chapters.

Was hast du denn da!	Das läßt sich schon machen.
Wer sind denn Ihre Kunden?	Das ist aber nett von Ihnen.
Die Zeil ist doch die Hauptgeschäftsstraße.	Ich habe gar nichts gewählt.
Diese Fußgängerzone ist ja etwas Einmaliges.	mal sehen!
Das ist eben ein großer Vorteil von Frankfurt.	Ist Frau Schultze wohl im Hause?

Unsere Konstruktionsabteilung ist nämlich stark beansprucht.
Soll ich Freitag mal wieder vorbeikommen?

2. In conditional sentences, if the condition is an open one (identifiable by containing no 'would' or 'would have'), then both verbs will be in the indicative:
Wenn wir mit unserem eigenen Wagen fahren, dann können wir durch das Rheintal fahren.

If the condition is an improbable one (signified by 'would'), then the 'wenn' clause will be in the Imperfect Subjunctive, and the main clause in the Conditional or in the Imperfect Subjunctive:
Wenn wir mehr Geld hätten, würden wir die Rheinfahrt mit unserem eigenen Boot machen.
Wenn ich mit Frau Schultze sprechen wollte, könnte ich sie anrufen.

If the condition is an impossible one (signified by 'would have'), then the 'wenn' clause will be in the pluperfect subjunctive, and the main clause in the pluperfect subjunctive or in the conditional perfect:
Wenn wir letztes Jahr gekommen wären, hätten wir es gesehen (or würden wir es gesehen haben).

Useful expressions

Bescheid   Information. *Bescheid wissen* is to be informed, or in English slang 'to know the score'; *Bescheid sagen* is to inform, as in '*Ich werde Ihnen rechtzeitig Bescheid sagen.*', and *Bescheid geben* is to tell, let someone know, instruct. In legal contexts *der Bescheid* means decision, as in '*einen amtlichen Bescheid abwarten*', '*ein vorläufiger/endgültiger Bescheid*'.

abhängen   to depend: *Das hängt ganz von Ihnen ab* – That depends entirely on you. Note also (*un*)*abhängig* – (in)dependent.

Einfall   a sudden idea: *Das ist ein glücklicher Einfall.* Note also the verb *einfallen*: *Es fällt mir gerade ein, daß* . . . – The thought has just struck me that . . . *Das wäre mir nie eingefallen* – That would never have occurred to me.

Mr Heller is sitting at his desk reading an invitation to tender, with the attached technical specifications and drawings. He puts the papers down and buzzes for his secretary.

FRÄULEIN ADAMS	—Ja, bitte, Herr Heller.
HELLER	—Fräulein Adams, kommen Sie bitte zu mir herein. Ich möchte einen Brief auf deutsch diktieren.
FRÄULEIN ADAMS	—Einen Augenblick bitte, Herr Heller. Ich hol' mal meinen Block und meinen Bleistift.
HELLER	—So – zum Schreiben bereit?
FRÄULEIN ADAMS	—Ja.

„. . . und zum Schluß steht da noch: ‚Nach Diktat verreist'."

HELLER   —Gut. Fangen wir an . . .

<u>Betr.</u>: Anfrage Nummer 132102 vom 18.03.08

Sehr geehrte Herren,

wir danken Ihnen für Ihr obiges Schreiben und bitten, die verspätete Antwort zu entschuldigen.

Wir müssen Ihnen leider mitteilen, daß wir nach eingehender Prüfung Ihrer technischen Unterlagen zur Zeit keine Möglichkeit sehen, die von Ihnen verlangten Hängewaagen zu liefern, da diese Maschinen völlig außerhalb unseres Herstellungsprogramms liegen.

Unser Produktprogramm sieht als Basis Werkzeugmaschinen im weitesten Sinne vor, und das geschäftspolitische Ziel plant für die Zukunft keine Veränderung. Wir haben deshalb das uns nahestehende Werk William Johnson & Sons gebeten, Ihnen ein entsprechendes Angebot zu unterbreiten.

Wir bitten um Verständnis, daß wir bei dieser Gelegenheit keine Angebote machen können und bedauern, Ihnen keinen günstigeren Bescheid geben zu können.

Zu Ihrer Orientierung übersenden wir Ihnen unseren illustrierten Prospekt. Sollten sich auf diesem Gebiete Kontaktpunkte ergeben, so erbitten wir Ihre geschätzte Anfrage.

Mit freundlichen Grüßen

(P. Heller)

Anlagen

HELLER	—So, das wär's.
FRÄULEIN ADAMS	—Wieviel Durchschläge?
HELLER	—Vier, wie üblich.
FRÄULEIN ADAMS	—Soll ich Ihnen den Brief noch vorlesen?
HELLER	—Nicht nötig. Jetzt aber möcht' ich für die nächste Stunde nicht gestört werden. Geben Sie mir nur dringende Ferngespräche durch.

A. Answer in German

1 Warum hat Herr Heller Fräulein Adams zu sich hereinkommen lassen?
2 Was muß Fräulein Adams holen, ehe sie das Diktat aufnehmen kann?
3 Weshalb entschuldigt sich Herr Heller in dem Brief?
4 Warum kann er keine Angebote machen?
5 Was wird in Herrn Hellers Fabrik hergestellt?

6 Hätten Sie einen so langen Brief geschrieben?
7 Würden Sie ganz kurz schreiben, daß Sie diesen Auftrag leider nicht erfüllen können?
8 Hätten Sie die Anfrage weitergegeben? Warum?/Warum nicht?
9 Nehmen Sie öfters Diktate auf, oder spricht Ihr Chef ins Diktiergerät hinein?
10 Welche Vorteile hat ein Diktiergerät?

B. Translate into German

1 Unfortunately I have to inform you . . .
2 We would therefore ask for your understanding . . .
3 I want to dictate several letters.
4 I don't have a notepad and pencil.
5 On this occasion we are unable to tender.
6 For your information . . .
7 We regret not being able to give you a more satisfactory answer.
8 Please read back to me the text of the letter.
9 How many copies do you require?
10 I do not wish to be disturbed.
11 Put through only urgent calls.
12 With reference to your esteemed enquiry.

Although many German firms can and do write in English, it is accepted procedure to write business letters in one's mother tongue. The letters which follow are typical examples of the kind of letter which might be received by an English firm.

Letter (a) *Anfrage (Angebotsanforderung)*

Sehr geehrte Herren,

wir sind Wiederverkäufer und bitten um Angebote für folgende Tischpressen unter Zugrundelegung des äußersten Preises und der kürzesten Lieferzeit:
Tischpressen: 5 Stück Druckleistung 2000 N
               5 Stück Druckleistung 60000 N
Sollten Sie als Hersteller bzw. Lieferant nicht infrage kommen, so wären wir Ihnen für die Nennung einer Ihnen bekannten Bezugsquelle dankbar. Abbildungen und Beschreibungen erbitten wir 2fach.

Dem Eingang Ihrer ausführlichen Offerte sehen wir mit Interesse entgegen.

Mit freundlichen Grüßen

AGRAR GMBH

ALFA-LAVAL Agrar GmbH · Postfach 800140 · 2050 Hamburg 80

Bitte beachten:
Ihre Rechnung können wir nur bezahlen, wenn Sie unsere Auftragsnummer sowie unsere Gegenstandsnummer auf Ihrer Rechnung und Ihren Versandpapieren vermerken. Der Sendung ist unbedingt ein Lieferschein belzüfugen.

Fa. Salter Industrial Measurement
Limited Export Division
George Street
West Bromwich
West Midlands
B 70 6 AD
England

Telefon: 0 40 / 72701 - 1
Telex: 21 7885 alfa d
Telegramm-Adresse: Alfalaval Hamburg

Postscheckkonto Hamburg 627 - 200
(BLZ 200 100 20)

Bankkonten Deutsche Bank AG Kto 55/00087
(BLZ 200 700 00)

Deutsche Union-Bank, Frankfurt/M
Kto 00/13000005 (BLZ 500 206 00)

	76130 / 63400			
Auftrag Nr. 1689 M4 (In Lieferschein und Rechnung wiederholen)	Best.-Woche 50.84	Liefer-Woche 4.85	2050 HAMBURG 80 13.12.84 Dar/Ws	
M 07 Bezeichnung	Gegenstands-Nr	Menge	Einzel-Preis	
Zeigerwaage Mod. 235 Ø 152 mm / 6" 25 kg x 100 g kpl. mit Haken	4031	25	14.60	

Lager

Versand an unsere Anschrift: Alfa-Laval Agrar GmbH
Liebigstr. 4, 2057 Reinbek

Fracht-und Expreßgutstation: 2050 Hamburg-Bergedorf

Vorstehende Preise verstehen sich ___

Zahlbar innerhalb von __14__ Tagen mit __2__ % _____ Skonto nach Erhalt der Rechnung und der Ware

Rechnung in dreifacher Ausfertigung erbeten!   ALFA-LAVAL Agrar GmbH

Letter (b) *Angebot*

<u>Betr.</u>: Tischpressen – Ihre Anfrage Nr. 1476 vom 23.05.85

Sehr geehrte Herren,

wir bestätigen dankend den Erhalt Ihres obigen Schreibens und unterbreiten Ihnen auf Ihre Anfrage folgendes Angebot:
1. 5 Stück   Druckleistung   2000N DM 5600 ohne MwSt.
   5 Stück   Druckleistung   60000N DM 7200 ohne MwSt.
2. Lieferzeit   : 8 bis 10 Wochen nach Auftragsempfang.
3. Verpackung: wird zu Selbstkosten berechnet.
4. Zahlung   : 2 % Skonto. Innerhalb 30 Tagen netto.
5. Bindefrist   : Diese Preise gelten bis Bestellung 30.06.85

Mit freundlichen Grüßen

Letter (c) *Auftrag*

When an order is placed, it is invariably by means of a printed order form, an example of which is shown on page 56.

On the other hand, some tenders are not acceptable:

Letter (d) *Die Waren werden nicht bestellt.*

Sehr geehrte Herren,

für Ihr Schreiben vom 31.05.85 und für die uns damit zugesandten Fotokopien Ihres Angebotes vom 25.05.85, sowie Ihres Begleitschreibens dazu danken wir Ihnen vielmals. Angesichts des genannten Preises sehen wir keine Absatzmöglichkeit für die uns angebotenen Tischpressen. Bitte betrachten Sie die Angelegenheit deshalb als erledigt.

Mit freundlichen Grüßen

Letter (e) When a bill becomes overdue, it might be necessary to write a '*Mahnung*':

Betr.: Unsere Rechnung FD 6717 vom 30.08.85

Sehr geehrte Herren,

wahrscheinlich ist es Ihrer Aufmerksamkeit entgangen, daß unsere Rechnung noch nicht beglichen ist. Wir bitten Sie daher, den Betrag freundlichst bis zum 30.10.85 zu überweisen, wenn Sie dieses noch nicht veranlaßt haben.

Mit freundlichen Grüßen

to which you could get in reply: Letter (f)

Sehr geehrte Herren!

Ich bestätige den Erhalt Ihres Schreibens vom 15.09.85 und muß Ihnen zu meinem Bedauern mitteilen, daß entweder Ihrer Buchhaltung oder Ihrer Bank ein Fehler unterlaufen ist. Ihr Wechsel wurde am 13.09.85 bei der Länderbank eingelöst und am 15.09.85 an Ihre Bank weitergeleitet und von meinem Konto abgebucht. Fotokopien darüber lege ich bei. Ich kann mir nicht vorstellen, daß eine Überweisung 6 Wochen unterwegs ist.

Hochachtungsvoll

Finally, two examples of the sort of day-to-day letter an English company could get from their German or Austrian agent:

Letter (g)

Sehr geehrte Herren,

wir hatten Sie gebeten, uns eine Exportliste in DM zu schicken. Leider haben wir nur eine englische Liste von Ihnen bekommen. Wir möchten Sie nun deshalb nochmals ersuchen, uns eine Exportliste in DM zu schicken, da dies für uns übersichtlicher ist.

Im voraus besten Dank

Letter (h) A gentle complaint/reminder from an agent:

Sehr geehrte Herren,

mit Ihrem Schreiben vom 12.5.85 teilen Sie mir mit, daß Ersatzteilaufträge die richtigen Bestandteilnummern aufweisen müssen. Meiner Meinung nach wäre hierfür eine Bestandteilliste erforderlich, und ich bitte Sie, mir eine solche zu übersenden. Ich habe bisher nie eine solche Liste erhalten.

Hinsichtlich der elektronischen Erzeugnisse besteht sicherlich Interesse und Bedarf, jedoch müßte man ein solches Gerät sehen können. Die Prospekte allein geben zu wenig Information über die Leistungen. Teilen Sie mir bitte mit, ob Sie im kommenden Jahr in Europa auf einer Messe vertreten sind, wo man diese Geräte genau besichtigen kann.

Mit freundlichen Grüßen

Some notes on the lay-out of business letters:
1. The letter-head normally contains the name of the company, its legal form (e.g. GmbH, AG) and the nature of the company's business. Additionally one usually finds the full postal address, telephone number and, if applicable, telex number and telegraphic address.
2. The addressee block stands at the beginning of the letter on the left-hand side. In German addressee usage is changing; traditionally the postcode and town preceded the street and house number, e.g.
   5138 Heinsberg/Rhld.
   Oberbrucherstraße 67
   but it is becoming usual to write the street name and number before the *Postleitzahl* and town (see map on p. 60).
3. The normal modes of address are: *Sehr geehrter Herr, Sehr geehrte Herren, Sehr geehrte Damen und Herren, Sehr geehrte gnädige Frau; Sehr geehrte Damen und Herren* is much more used nowadays as a normal form.
4. The body of the letter (see examples in this chapter) – German business letters tend to be short and to the point. There is no long-winded preamble and they go straight to the theme of the letter.
5. The letter concludes with phrases such as '*mit freundlichen Grüßen*', '*Hochachtungsvoll*', '*mit vorzüglicher Hochachtung*' (though the latter two are rather old-fashioned). No long-winded concluding remarks are used or expected.

1   50°

2

3

4

5 (unser) Name   Hamburg, d. 07.03.85

6 Straße + Hausnummer

7 Postleitzahl + Ort

8 Tel. (040) 43 25 16

9 4x schalten

10

11

12 · · · · · · · · · · ·

13 3x Anschriftenfeld ·

14   ·

15 Firma   · immer

16 J. Bachmann   · insgesamt

17 Straße   · 9 Zeilen

18   ·

19 Stadt   ·

20 · · · · · · · · · · ·

21 3x schalten

22

23

24 Betr.: Ihr Schreiben Nr. – vom –

25 3x schalten

26

27

28 Sehr geehrte Damen und Herren! (groß weiter; wenn Komma: klein weiter)

29 2x schalten

30 Text — beginnt am Zeilenanfang, nicht wie im Englischen eingeschoben

50 Textende

51 2x schalten

52 Mit freundlichen Grüßen

53 2x schalten

54 Firma J. Bachmann

55 4x schalten

56

57   Raum für Unterschrift

58

59 (manchmal wird in Klammern der Name getippt, weil Unterschriften

60 6x schalten   oft unleserlich sind.)

61

62

63

64

65 Anlagen

66 1 Fotokopie

67 1 Vertrag 3fach

68

In der Bundesrepublik hat jeder Postort seine eigene Kennzahl.
Die BRD ist in acht Leitzonen geteilt, die weiter in Leiträume
geteilt werden. Die Leiträume werden in Leitbereiche geteilt,
so daß in der ganzen BRD nahe beianderstehende Städte ähnliche
Nummer haben. Die Post kann daher rascher verteilt werden.

6. The subscription block consists of the name of the company and the authorised person's signature. In large companies it is usual for letters to have two signatories. Those authorised to sign on behalf of the company usually prefix their signature with *i.V.* (*in Vertretung*) or *i.A.* (*im Auftrag*).

C. *You have received an enquiry for 25 milling machines* (die Fräsemaschine). *Prepare a quotation in German stating the price per unit, package and delivery, terms of payment and validity.*

D. *Write a letter for your boss's signature. He wants to stay at the hotel* 'Altes Bräuhaus' *in Lippstadt. The address is* Rathausstraße *and the postcode for* Lippstadt *is 4748. You have already discovered by telephone that the hotel can accommodate your boss, and you are now writing to confirm the booking of a single room with shower for the nights of the 5th and 6th of this month.*

E. *Your boss is considering buying a craneweigher for use in his factory, and saw some he liked at an exhibition in Germany. You are to write an invitation to tender. Send the enquiry to* Toledo-Werk GmbH *in Cologne* (*postcode 5000*) *at* Stolbergerstr. 7. *You obviously want to know the price, but you are also interested in delivery times, packaging, payment terms* (*including any discount*) *and warranty. You should also ask for technical drawings, data sheets and operating manuals.*

F. Your boss has just dictated in English for your translation into German:

Dear Sir,

Thank you for your letter of 18.03.85 together with your tender. Considering the delivery time you quote, we can see no possibility of satisfying our customer, and must therefore inform you that we cannot proceed with your offer. Please consider the matter closed.

Yours faithfully,

G. Explain in German:

1 Ich danke Ihnen für Ihr obiges Schreiben.
2 Nach eingehender Prüfung.
3 Keinen günstigeren Bescheid geben zu können.
4 Zu Ihrer Orientierung übersenden wir unseren Prospekt.
5 Geben Sie mir nur dringende Ferngespräche durch.

H. Rôle-playing

Play the part of Fräulein Adams in the following dialogue:

HELLER	—Fräulein Adams, kommen Sie bitte zu mir herein!
FRÄULEIN ADAMS	—(*Straightaway, sir. I'll just get my pad and pencil.*)
HELLER	—Ich muß nach Frankfurt. Besorgen Sie mir bitte einen Flugschein sowie ein Hotelzimmer.
FRÄULEIN ADAMS	—(*When does he want to fly to Frankfurt, and how long does he intend to stay?*)

HELLER	—Ich habe vor, Montag früh abzufliegen. Donnerstag vormittag muß ich auf jeden Fall wieder hier im Büro sein.
FRÄULEIN ADAMS	—(*That will be three nights away. Would he like to stay in the same hotel as last time? What was it called? 'Zum roten Bären'?*)
HELLER	—Ja, es war sehr bequem und lag günstig in der Stadtmitte. Da kann man auch gut essen.
FRÄULEIN ADAMS	—(*How is he getting to the airport and back? Should you arrange for someone to drive him?*)
HELLER	—Danke. Ich fahre mit Herrn Bartel. Er bringt mich zum Flughafen. Donnerstag holt mich meine Frau ab.
FRÄULEIN ADAMS	—(*Yes sir. Tell him not to forget that he has a luncheon appointment with Mr Bernard. You have booked a table at the 'Golden Lion'.*)

Useful expressions – some abbreviations found in business letters:

Abs.	*Absender*	(sender)
b.w.	*bitte wenden*	(please turn over)
DIN	*Deutsche Industrie-Norm*	(cf. BS in English)
Gebr.	*Gebrüder*	(Bros.)
gegr.	*gegründet*	(founded)
MwSt.	*Mehrwertsteuer* (also **MWS**)	(Value Added Tax)
z.H.	*zu Händen*	(for the attention of)

HERR WINKLHUBER—Herr Heller! Ich hab' Sie sogleich wiedererkannt. Willkommen in München!

HELLER —Grüß Gott, Herr Winklhuber – das sagt man in Bayern, nicht wahr?

HERR WINKLHUBER—Freilich, das ist bei uns üblich, übrigens ist es auch in Österreich geläufig. Wenn ich mich recht erinnere, war Frankfurt Ihr erster Besuch in der BRD: Sie machen doch vortreffliche Fortschritte mit unserer Sprache.

HELLER —Ich bin nämlich davon begeistert, und habe in den letzten Monaten tüchtig daran gearbeitet. Dieser Aufenthalt in München war ein guter Anreiz.

HERR WINKLHUBER—Sie finden uns im Wahlfieber, haben Sie die Plakate bemerkt?

HELLER —Ja, wir werden hier überall von riesigen mir unbekannten Gesichtern angelächelt.

HERR WINKLHUBER—Der Wahlkampf ist schon seit Monaten in Gange: die Landeswahl findet nächsten Sonntag statt.

HELLER —Und wer wird gewinnen? Ich weiß nichts von der bayrischen Politik!

HERR WINKLHUBER—Zweifellos die CSU – das ist die Christlich-Soziale Union, eine konfessionelle Partei; Bayern ist nämlich ein streng katholisches Land. Im Bundestag ist die CSU fast ein Teil, oder vielleicht der rechte Flügel, von der CDU.

HELLER —Warum hat sie denn einen anderen Namen und kämpft nicht einfach als CDU?

HERR WINKLHUBER—Das wäre undenkbar. Der Freistaat Bayern muß doch seinen Anschein von Unabhängigkeit wahren.

HELLER —Ach, so. Nun, München hat sicher noch Besseres als Wahlplakate zu bieten. Womit soll ich anfangen?

HERR WINKLHUBER—Sie sind, glaube ich, in den Vier Jahreszeiten untergebracht. Das ist in der Maximilianstraße, etwa hundert Meter südlich von der Residenz und dieselbe Entfernung nördlich vom Hofbräuhaus: da haben Sie eine schöne Wahl!

HELLER —Ich kann mir wirklich Schlimmeres vorstellen als eine Besichtigung der Residenz mit anschließender Entspannung im Hofbräuhaus!

HERR WINKLHUBER—Zunächst aber gehen wir essen, irgendwo in der Nähe vom Marienplatz. Ich könnte Sie morgen bei einer Besichtigung der Stadt begleiten, wenn Sie es wünschen, und erst übermorgen kommen wir zum geschäftlichen Gespräch.

HELLER —Genauso habe ich es mir vorgestellt: in München muß das Vergnügen immer an erster Stelle kommen, das Geschäft erst nachher.

A typical radio news bulletin

Elf Uhr. Es folgen Nachrichten.

Staatsminister Müllermann vom Auswärtigen Amt hat heute in Abu Dhabi, der Hauptstadt der Vereinigten Arabischen Emirate, seine politischen Gespräche aufgenommen. Er will, wie in Bonn mitgeteilt wurde, die Nahostpolitik der Bundesregierung erläutern. Ein weiteres Thema sind die Beziehungen der arabischen Golf Ölländer zur europäischen Gemeinschaft.

· ·

Auch in den kommenden Jahren muß nach Ansicht von Bundesfinanzminister Stoltenberg weiter nach Möglichkeiten gesucht werden um zu sparen. Dies gelte auch für den Bereich der Sozialpolitik, erklärte Stoltenberg. Allerdings gehe er davon aus, daß künftig nicht in demselben Umfang wie im vergangenen Jahr gekürzt werden könne. Die von der Bundesregierung angekündigte Senkung der Lohn- und Einkommensteuer soll nach den Worten des Finanzministers teilweise durch höhere Belastungen an anderen Stellen finanziert werden. Stoltenberg nannte in diesem Zusammenhang den Abbau von Steuersubventionen.

· ·

In Ost-Berlin haben heute Delegationen des Berliner Senats und der DDR Reichsbahn ihre Verhandlungen über die Zukunft der S-Bahn in den Westsektoren fortgesetzt. Es geht um die Übernahme des größten Teils der dortigen S-Bahnstrecken in West-Berliner Regie. Dem Vernehmen nach ist eine Vereinbarung fast unterschriftsreif. Sie soll jährliche Zahlungen von rund 9, 5 Millionen Mark an die DDR vorsehen, vor allem für die Nutzung von Anlagen der DDR Reichsbahn. Aufgrund alliierter Bestimmungen betragt die DDR bisher den S-Bahnverkehr in ganz Berlin, fuhr aber in West-Berlin immer höhere Defizite ein.

· ·

Die Vorruhestandsregelung soll nach den Worten von Bundesarbeitsminister Blüm (CDU) ein beschäftigungs-politischer Pakt zwischen Staat, Gewerkschaften und Arbeitgebern sein. Blüm teilte am Vormittag in Bonn mit, das Kabinett habe zum Entwurf seines Haushaltes eine mittelstandspolitische Komponente geschlossen. Danach könnten Arbeitnehmer in Betrieben unter 20 Beschäftigten nur dann von der Regelung Gebrauch machen, wenn der Arbeitgeber ausdrücklich zustimme. Für den öffentlichen Dienst ist nach Angaben des Ministers im Gesetzentwurf keine Ausnahme gemacht worden. Blüm fügte hinzu, der Bund beabsichtige allerdings nicht, der Gewerkschaft Öffentliche Dienste, Transport und Verkehr (ÖTV) eine Vorruhestandsvereinbarung anzubieten.

· ·

Der Telefonverkehr zwischen der Bundesrepublik und der DDR wird erleichtert. Das Bundesministerium für Post und Fernmeldewesen teilte mit, daß ab morgen etwa 240 weitere Ortsnetze der DDR von den Bundesbürgern direkt angewählt werden könnnen. Die Telefonauskunftstellen informieren schon jetzt über die neuen Vorwahlnummern.

· ·

Note: Under the constitution of the Federal Republic a party must gain at least 5 % of the total votes cast in a general election to be allotted any seats in the Bundestag. Only five parties have ever been represented in parliament, as follows:

CDU Christlich-Demokratische Union	(Christian Democrats)
CSU Christlich-Soziale Union	(Christian Social Union)
FDP Freie Demokratische Partei	(Free Democrats)
SPD Sozialdemokratische Partei Deutschlands	(Social Democrats)
Die grüne Liste ('Die Grünen')	(Ecology Party)

The first two may be regarded as on the right, the last two as on the left, and the FDP as in the centre. There is an alliance between the CDU and the CSU so that the CSU does not offer candidates outside Bavaria, while the CDU does not stand in Bavaria.

A. *Answer in German*

1 Was sagt man für 'Guten Tag' in Bayern und Österreich?
2 Was für Fortschritte macht Herr Heller mit der deutschen Sprache?
3 Warum macht Herr Heller so gute Fortschritte?
4 Was zeigen die Plakate an?
5 An welchem Tag findet eine Wahl statt?
6 Wie heißt die führende Partei in Bayern?
7 Mit welcher anderen Partei ist diese verknüpft?
8 Welche Sehenswürdigkeiten sind in der Nähe von Herrn Hellers Hotel?
9 Wie heißt das Hotel?
10 Wo werden die beiden Herren essen?
11 Was schlägt Herr Winklhuber für morgen vor?
12 Wann werden sie über Geschäfte sprechen?

B. *Translate into German*

1 That's normal round our way and common in Switzerland too.
2 You really are making splendid progress.
3 I'm enraptured with it, you see.
4 I'm working hard at it.
5 Have you noticed the posters?
6 The election campaign has been on the go for months.
7 Bavaria is a strictly Catholic country.
8 The CSU is the right wing of the CDU.
9 Bavaria must keep up its appearance of independence.
10 I understand you're staying at the Four Seasons hotel.

C. *Example:* Der inhalt ist Ihnen wohl bekannt?
   Nein, der Inhalt ist mir unbekannt.

1 Ist Ihnen das begreiflich?
2 War das Ergebnis Ihnen willkommen?
3 Deine Freunde sind dir wohl sehr dankbar?
4 Sieht Ihr Bruder Ihnen sehr ähnlich?
5 War er seinem Vaterland immer treu?

D. Example: Ist der Wahlkampf schon in Gange? (months)
Der Wahlkampf ist schon seit Monaten in Gange.

1 Wohnt er in München? (for two years)
2 Arbeiten sie zusammen? (since last summer)
3 Hat die Firma ihren Hauptsitz in Stuttgart? (since the war)
4 Ist er arbeitslos? (for seven weeks)
5 Ist er schon lange bei der Bundeswehr? (for six months)

E. Tenses – rewrite the following sentences in the tense indicated:

1 Er stellte sich zwar vor, aber ich kannte seinen Namen gar nicht. (Perfect)
2 Seit unserer Kinderzeit verbringt er seinen Urlaub jedes Jahr in der Schweiz. (Imperfect)
3 Sie wird wohl lange warten, aber endlich wird er doch kommen. (Pluperfect)
4 Wir waren seit ungefähr drei Wochen in Frankfurt, und fingen an, die Stadt zu kennen. (Present)
5 Er darf bis acht Uhr bei seinem Großvater spielen. (Imperfect)
6 Sobald er ins Auto eingestiegen war, hatte er das Rauchen eingestellt. (Perfect)
7 Er wohnt schon seit Jahren in der Nähe. (Imperfect)
8 Mein Vater ist in Frankfurt ausgestiegen und hat ein Taxi genommen. (Present)

F. Translate into German:

1 Today the employers are stronger than the employees.
2 It is incomprehensible to me that the parties talk like that.
3 I have been working on it for two years.
4 I want to buy only cheap stuff.
5 My stay in Düsseldorf was a good incentive.
6 In any case I must be back in the office on Monday morning.
7 My house is two kilometres north of Schwabing and the same distance west of the Isar.
8 We'll eat somewhere near the Frauenkirche.
9 We can talk business the day after tomorrow.
10 We submit the following tender in response to your enquiry.

G. Rôle-playing

Play the part of Herr Heller, whose host is welcoming him on his first visit to Munich.

HERR WINKLHUBER—Grüß Gott, Herr Heller! Ich hoffe, Sie haben einen angenehmen Flug gehabt.

HELLER —(*The flight was very pleasant, and you are pleased to see him again.*)

HERR WINKLHUBER—Ich nehme an, Sie möchten einen gemütlichen und nicht zu anstrengenden Abend verbringen.

HELLER —(*Indeed, you would like to get to bed early – the traffic in London was bad.*)

HERR WINKLHUBER—Also, ich schlage vor, wir essen in aller Ruhe im Walterspiel – das ist so ziemlich in der Stadtmitte und auch empfehlenswert.

HELLER	—(*You cannot imagine anything better, and you are very grateful to him for his kindness. You are looking forward to seeing something of the town tomorrow, but wonder where to begin.*)
HERR WINKLHUBER	—Für meinen Geschmack sind die Alte Pinakothek und die Amalienburg ganz hervorragend. Ich würde Sie sehr gerne dahin begleiten, wenn's Ihnen recht ist.
HELLER	—(*You thought the Amalienburg was part of the Nymphenburg, isn't that so?*)
HERR WINKLHUBER	—Sie haben völlig recht, und sogar der schönste Teil, aber wir werden natürlich Schloß Nymphenburg und auch die Gärten besichtigen.
HELLER	—(*That would be very kind of him. You would like to offer him a beer right away, if he would permit it.*)
HERR WINKLHUBER	—Schön! Dabei kommen wir zur sehr wichtigen Frage: Pschorrbräu oder Paulaner?
HELLER	—(*You thought Munich beer was called Löwenbräu.*)
HERR WINKLHUBER	—Mensch! Wir müssen uns offensichtlich um Ihre Bierkenntnisse kümmern! Wenn wir sämtliche Münchner Biere probieren, werden Sie bestimmt nicht früh ins Bett kommen.
HELLER	—(*Well, that must wait for your next visit, but for now you suggest one beer.*)

H. Guided conversation

With the help of the following information record or write a summary of the dialogue:

Herr Winklhuber begrüßt Herrn Heller, der ihn mit einem bayrischen Gruß antwortet, und lobt sein gesprochenes Deutsch. (Wann und wo war Herr Heller zum ersten Mal in Deutschland?) Herr Heller erklärt, daß er tüchtig daran gearbeitet hat. (Warum? Seit wann? Wozu?) Herr Winklhuber erwähnt den laufenden Wahlkampf, (Woran merkt man, daß dieser in Gange ist?) und Herr Heller fragt ihn über die bayrische Politik. Herr Winklhuber nennt die führende Partei und beschreibt ihre Lage. Herr Heller erkundigt sich über Sehenswürdigkeiten. (Welche zwei erwähnt Herr Winklhuber, und wo befinden sich diese?) Herr Winklhuber lädt ihn zum Essen ein (Wo?) und macht Vorschläge für die nächsten Tage. (Welche?)

Grammar
REFLEXIVE VERBS TENSES WITH 'SEIT'

1. Although the reflexive pronoun is usually accusative, with some verbs it can be dative. Note that *sich vorstellen* (acc.) is to introduce oneself, and *sich vorstellen* (dat.) is to imagine:

Darf ich mich vorstellen? Ich kann mir Schlimmeres vorstellen.
Wenn ich mich recht erinnere, Das kann ich mir denken.
Ich muß mich auf eine Konferenz Ich kann mir ein passendes Auto
vorbereiten. besorgen.

Note also how frequently German uses a reflexive verb where English simply has an intransitive verb, as in the impersonal expression es lohnt sich – it is worthwhile.

Hier verabschiede ich mich.   Das Wetter hat sich geändert.
Die Tür öffnete sich.   Das läßt sich schon machen.

2. With the preposition '*seit*', if the activity begun in the past is still continuing, the present tense is used, and not the perfect as in English ('has been'):
Der Wahlkampf *ist* schon seit Monaten in Gange.
Ich *bin* schon seit 1958 hier.
Similarly the imperfect is used where English uses the pluperfect ('had been'):
Er *war* seit sechs Monaten in Köln, als sein Vater ihn besuchte.
Ich *arbeitete* schon seit zwei Jahren bei Lamm, als der neue Chef kam.

Useful expressions

übrigens   besides, by the way, incidentally, moreover. From *übrig* – remaining, residual, left over. Note the idiom *etwas für jemanden* (or *etwas*) *übrig haben* – to have time for someone or something, e.g. *Dafür habe ich nicht viel übrig* – I've no time for that, no interest in that.

konfessionell   denominational, applied e.g. to schools and political parties, cf. *konfessionslos*, used of a person belonging to no religious denomination, and also of a school or party which is undenominational.

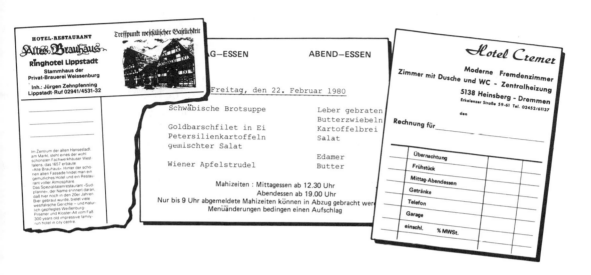

HOTEL-RESTAURANT
Altes Brauhaus
Ringhotel Lippstadt
Stammhaus der
Privat-Brauerei Weissenburg
Inh.: Jürgen Zehnpfenning
Lippstadt · Ruf 02941/4531-32

Treffpunkt westfälischer Gastlichkeit

Im Zentrum der alten Hansestadt,
am Markt, steht eines der wohl
schönsten Fachwerkhäuser West-
falens, das 1657 erbaute
„Alte Brauhaus". Hinter der schönen alten Fassade findet man ein
gemütliches Hotel und ein Restaurant voller Atmosphäre.
Das Spezialitätenrestaurant „Süd-
pfanne", der Name erinnert daran,
daß hier noch in den 20er Jahren
Bier gebraut wurde, bietet viele
westfälische Gerichte – und natürlich gepflegtes Weißenburg-
Pilsener und Kloster-Alt vom Faß.
300 years old impressive family-
run hotel in city centre.

...G—ESSEN　　　　ABEND—ESSEN

...Freitag, den 22. Februar 1980

Schwäbische Brotsuppe　　　Leber gebraten
　　　　　　　　　　　　　　Butterzwiebeln
Goldbarschfilet in Ei　　　Kartoffelbrei
Petersilienkartoffeln　　　Salat
gemischter Salat
　　　　　　　　　　　　　　Edamer
Wiener Apfelstrudel　　　　Butter

Mahlzeiten : Mittagessen ab 12.30 Uhr
Abendessen ab 19.00 Uhr
Nur bis 9 Uhr abgemeldete Mahlzeiten können in Abzug gebracht wer...
Menüänderungen bedingen einen Aufschlag

Hotel Cremer
Moderne Fremdenzimmer
Zimmer mit Dusche und WC - Zentralheizung
5138 Heinsberg - Dremmen
Erkelenzer Straße 59-61 Tel. 02452/61137

Rechnung für_____　　den_____

	Übernachtung		
	Frühstück		
	Mittag-Abendessen		
	Getränke		
	Telefon		
	Garage		
	einschl.　% MWSt.		

Herr Winklhuber has taken Heller to an inn some distance away from Munich, to give him a taste of traditional Bavarian cooking. They meet a Swiss businessman and learn a little about Switzerland.

WINKLHUBER —Wenn Sie nun momentan keinen Hunger haben, können wir zunächst ein Bier trinken, während wir die Speisekarte durchlesen. Hier gibt es Pils frisch vom Faß.

HELLER —Ja, gerne. Deutsches Bier mag ich sehr gern.

WINKLHUBER —Fräulein, zapfen Sie uns bitte zwei Pils. Wir bestellen gleich das Abendessen.

FRÄULEIN —Bitte sehr. Die Speisekarten liegen auf dem Tisch, meine Herren. Der Kellner kommt sofort.

FREMDER —Entschuldigung. Haben Sie Feuer bitte?

HELLER —Ja, bitte schön.

FREMDER —Danke schön. Darf ich Ihnen eine Zigarette anbieten?

HELLER —Gerne. Schweizerische Zigaretten? Sind Sie Schweizer?

FREMDER —Ja, und zwar aus Zürich.

HELLER —In der Schweiz spricht man Deutsch als Muttersprache, nicht wahr?

FREMDER —Das Kerngebiet spricht Deutsch, aber der Westen spricht Französisch und der Süden Italienisch.

HELLER —Ich hab' schon so lange die Schweiz besuchen wollen – hab' noch keine Gelegenheit gehabt. Ich lese ganz gerne und weiß, daß die Schweiz ein ganz wichtiges Industrieland ist. Jeder hat von Mettler, Nestlé und Ciba-Geigy gehört.

FREMDER	—Stimmt, diese Firmen sind sehr wichtig. Unser Land ist überbevölkert, und wir können uns nicht ernähren. Wir können Lebensmittel nur dann einkaufen, wenn es uns gelingt, Industriegüter im Ausland zu verkaufen. Es fehlen uns auch die Rohstoffe für unsere Industrie – Sind Sie Deutscher?
HELLER	—Nein, Engländer, und zum ersten Mal in Bayern. Eigentlich wollte ich Altschwabing besuchen, denn ich habe so viel davon gelesen.
WINKLHUBER	—Es lohnt sich nicht. Das ist schon längst Vergangenheit. Altschwabing wurde in den Flammen des zweiten Weltkrieges zerstört. Es empfiehlt sich, die Außenbezirke zu sehen. Hier ißt man in altbayrischem Stil. Außerdem haben wir unseren neuen Freund aus der Schweiz kennengelernt. (*zu dem Fremden*) Sie gesellen sich doch zu uns?
FREMDER	—Sehr gerne.
KELLNER	—Na, meine Herren, haben Sie etwas ausgesucht?
HELLER	—Was würden Sie empfehlen?
KELLNER	—Entweder schmackhaft zubereitete Lungen mit Semmelknödeln, oder, als typisch bayrische Kost, den Sauerkrautteller. Das ist ein Potpourri aus geräuchertem und gebratenem Schweinefleisch, Schweinswürstln, Leberknödeln, Weinsauerkraut und Kartoffelpüree. Er ist sehr lecker.
WINKLHUBER	—Aber vorher kann ich die hausgemachte Hummersuppe empfehlen.
HELLER	—Ich bin ganz in Ihrer Hand.

Note: Bavarian cooking is characterised by substantial helpings, variety being imparted by which cut of pork one chooses, and whether one has bread dumplings or potato dumplings with it. *Apfelstrudel* is a typically Bavarian dessert, though it may be eaten in mid-morning and mid-afternoon as well.

A. Answer in German

1 Was machen die Herren, während sie etwas zu essen aussuchen?
2 Was für Bier gibt es in diesem Restaurant?
3 Trinkt Herr Heller gern deutsches Bier?
4 Woher weiß Herr Heller, daß der Fremde Schweizer ist?
5 Welche Sprachen werden in der Schweiz gesprochen?
6 Warum müssen die Schweizer exportieren?
7 Warum lohnt es sich nicht, Altschwabing zu besuchen?
8 Was bietet die Speisekarte?
9 Was ist typisch bayrische Kost?
10 Was ist auch empfehlenswert?

B. Translate into German

1 If you are not hungry right now, we could have a drink first.
2 Shall we have a beer while we look at the menu?

3 Excuse me, could you give me a light please?
4 Would you like a cigarette?
5 We have to export, because having such a large population we cannot feed ourselves.
6 By exporting industrial goods we can buy our foodstuffs.
7 We don't have raw materials either, and we have to buy them.
8 It's much better to try somewhere out of town.
9 Anyway, we have made a new friend from Switzerland.
10 I can recommend the lobster soup.

C. Explain in German

1 Pils frisch vom Faß.
2 Das Kerngebiet spricht Deutsch.
3 Unser Land ist überbevölkert.
4 Es fehlen uns auch die Rohstoffe.
5 Sie gesellen sich doch zu uns?

D. wenn, als or wann?

1 – die Nebenstellennummer bekannt ist, ist die Eins wegzulassen.
2 – ich bei Herrn Zehnpfennig in Stuttgart war, habe ich Frau Schultze kennengelernt.
3 – Sie noch keinen Hunger haben, können wir erst ein Bier trinken.
4 Er fragte, – das Flugzeug in Frankfurt gelandet sei.
5 – ich auf der Messe bin, übernachte ich immer in Sachsenhausen.
6 – ich aus dem Bahnof herauskam, habe ich sofort die Fabrik erblickt.
7 – wir mit unserem eigenen Wagen fahren, können wir durch das Rheintal fahren.
8 Wissen Sie, – der Zug nach Stuttgart abfährt?
9 – mein Freund anfing, Deutsch zu sprechen, haben wir uns fast totgelacht.
10 – wir mehr Geld hätten, würden wir die Rheinfahrt mit unserem eigenen Boot machen.
11 Darf ich fragen, – Sie wieder nach England kommen?
12 – ich nach Deutschland fahre, spreche ich selbstverständlich nur Deutsch.

E. Give the correct form of the verb:

1 Das (lassen) sich schon machen, doch die Telefoneinheit im Hotel (kosten) 75 Pf., und es (werden) sehr teuer, ins Ausland zu telefonieren.
2 Im internationalen Verkehr (fallen) die erste Null weg.
3 Ich (haben) mit Frau Schultze (sprechen).
4 In der Zeitung (lesen) man so viel von großen Arbeitskämpfen in England.
5 Herr Krause (werden) uns durch die Werksanlagen führen.
6 (Wissen) du nicht, daß du ein Auto von hier aus (mieten) (können)?
7 Ich (anfangen), mich hier ganz zu Hause zu fühlen.
8 Fräulein Adams (geben) nur dringende Ferngespräche durch.
9 Ich habe eine Menge Prospekte vom Reisebüro (mitbringen).
10 Wir hatten Sie (bitten), uns eine Exportliste in DM zu schicken.

11 Hier (geben) es Pils frisch vom Faß.
12 Deutsches Bier (mögen) ich sehr gern.

F. Relative clauses:

Example: Herr Heller ist beauftragt, seine Firma zu vertreten.
Er fliegt nach Frankfurt.
Herr Heller, der nach Frankfurt fliegt, ist beauftragt, seine
Firma zu vertreten.

1 Der Mann führt uns durch die Werksanlagen. Er heißt Krause.
2 Die Frau spricht mit Herrn Zehnpfennig. Sie ist Einkaufsleiterin.
3 Das Hotel 'Hessisches Kreuz' hat 68 Fremdenzimmer. Es befindet sich etwa hundert Meter von der Zeil.
4 Der Vertreter will auf dem laufenden bleiben. Er notiert die Neuheiten.
5 Unsere Fabrik ist ganz neu. Sie liegt neben dem Bahnhof.
6 Die Arbeitnehmer sind alle Gastarbeiter. Sie sind in diesem Betrieb beschäftigt.
7 Herr Heller wohnt in einem Dorf an der Themse. Er hat ein schönes altes Haus.
8 Das Fräulein ist meine Sekretärin. Herr Zehnpfennig spricht mit ihr.
9 Der Kunde hat keine Bestellungen aufgegeben. Sie haben mit ihm gesprochen.
10 Viele Verkehrszeichen stehen hier schon jahrelang. Sie sind bei uns erst kürzlich eingeführt worden.

G. Rôle-playing

You have to take a German visitor to dinner. Play the part of the host.

HOST	—(*Would you like to eat straight away, or would you like a glass of real English beer while we read through the menu?*)
GUEST	—Ich trinke sehr gerne ein Glas Bier. Englisches Bier ist so lecker.
HOST	—(*Here is the menu. I'll call the waiter as soon as we have our drinks.*)
GUEST	—Ich hab' viel von Soho gelesen. Ich dachte, wir gingen vielleicht dahin.
HOST	—(*It really isn't worth it. At this time of year there are so many tourists in London that you cannot find a table. Here, out of town, we can eat our meal in comfort on the river bank.*)
GUEST	—Das stimmt. Hier an der Themse ist es wirklich herrlich.
HOST	—(*Would you like another pint of beer at the bar, or shall we order our meal and take our drinks to the table?*)
GUEST	—Ich hab' jetzt Hunger. Lassen Sie uns gleich bestellen!
HOST	—(*Good! Excuse me, Miss, two more pints of beer please, and would you send the waiter over to us? We are ready to order.*)

H. Guided conversation

With the help of the following information record or write a summary of the dialogue:

Herr Heller und Herr Winklhuber sind in einem Restaurant. Sie trinken Bier. (Was für Bier?) Herr Heller mag deutsches Bier. Sie lesen die Speisekarte durch. (Wo liegt die Speisekarte?) Sie lernen einen Herrn aus der Schweiz kennen. (Woher Wissen sie, daß er aus der Schweiz ist? Wo ist der Schweizer zu Hause? Welche Sprache spricht er zu Hause? Welche Sprachen spricht man sonst noch in der Schweiz?) Die zwei Herren wissen schon, daß die Schweiz ein sehr wichtiges Industrieland ist. (Welche schweizerischen Firmen sind weltbekannt? Warum muß die Schweiz exportieren?) Herr Heller sagt, daß er lieber Altschwabing besucht hätte. (Warum lohnt es sich nicht? Warum ist es besser, dieses Restaurant zu besuchen?) Der Schweizer freut sich, sich zu den beiden gesellen zu können. Sie wollen jetzt bestellen. (Was empfiehlt der Kellner? Was empfiehlt Herr Winklhuber? Wie entscheidet sich Herr Heller?)

Grammar

GENDER OF NOUNS
RELATIVE PRONOUNS

It is, of course, always best to learn the gender of each noun by heart. There are, however, some general rules which students of the language may find useful. The rules below are not exhaustive, and there are many exceptions. Take them for what they are: just a few tips to help you through the maze. We shall deal in this chapter with masculine nouns. Feminine and neuter nouns will be discussed in chapters 13 and 14 respectively. Masculine nouns are:

1. Those which by meaning are masculine:
   der Sohn, der Vater, der Bruder,
   der Hund, der Löwe, der Mann.
2. Those ending in **–ling, –er, –ler, –ner:**
   der Zwilling, der Lehrling, der Liebling,
   der Bäcker, der Tischler, der Rentner.
3. The names of days, months and seasons:
   der Donnerstag, der März, der Herbst.
4. Winds, points of the compass, precipitation (rain, snow, hail &c):
   der Schnee, der Hagel, der Monsun, der Regen,
   der Norden, der Süden, der Passat, der Föhn, der Scirocco.
5. Mountains and mountain ranges:
   der Vesuv, der Montblanc, der Harz, der Taunus, der Brocken.

Relative pronouns:	*Masculine*	*Feminine*	*Neuter*	*Plural*
Nominative	der	die	das	die
Accusative	den	die	das	die
Genitive	dessen	deren	dessen	deren
Dative	dem	der	dem	denen

Relative pronouns act as a bridge between one clause and another, referring back to a person or object in the previous clause, e.g.: *Herr Heller ging in die Fabrik. Die Fabrik gehört Herrn Zehnpfennig. Die Fabrik, in die er ging, gehört Herrn Zehnpfennig.*

From the above example it will be seen that:
1. The relative clause is separated from the main clause by commas.
2. In the relative clause the verb comes last.
3. The relative pronoun agrees in gender and number with the noun for which it stands.

4. In English it is permissible to leave out the relative pronoun; in German it is not:
   Die Fabrik, in die er ging   The factory he went into
5. The case of the relative pronoun depends on its job in the relative clause:
   Das Mädchen (nom.), *dem* (dat.) *ich schrieb, hat nicht geantwortet.*
   Die Einkaufsleiterin (nom.), *deren* (gen.) *Mann in Stuttgart*
   tätig ist, wohnt unweit von hier.

After a preposition, when referred to things, the form *durch den*, *in dem* etc. can sometimes be replaced by *wodurch*, *worin* etc. N.B. This does not apply to the preposition '*ohne*'.

Der Wald, *wodurch* wir jetzt fahren, heißt Idarwald.

Useful expressions

Pils frisch vom Faß	Beer '*vom Faß*' (literally 'from the barrel') is on draught, as opposed to *Flaschenbier*.
das Kerngebiet	*Der Kern* is Kernel, nucleus, also a pip or seed, so in this sense it means centre, heart (e.g. *Stadtkern*).
Sie gesellen sich doch zu uns?	You will join us, won't you?

Heller has the benefit of some expert economic forecasting by a German economist.

HELLER —Die deutsche Wirtschaft ist seit Ende des Zweiten Weltkrieges in der ganzen Welt besprochen worden. In der Tat ist es so, daß man das Schlagwort 'Wirtschaftswunder' als gleichbedeutend mit 'Bundesrepublik Deutschland' betrachtet.

BRAUN —Trotzdem sieht mir die Zukunft trübe aus. Einem beständigen Konjunkturanstieg stehen viele Hindernisse im Weg. Nur durch erhöhte Kapitalanlagen ist ein anhaltender Wirtschaftsaufschwung zu erreichen.

HELLER —Aber dazu brauchen wir eine beträchtliche Zinsherabsetzung.

BRAUN —Richtig. Aber so was ist leider nur dann zu erwarten, wenn Optimismus herrscht und Verschuldung durch anhaltendes Wirtschaftswachstum überwunden wird.

HELLER —Ich hab' gelesen, daß die Deutschen im kommenden Jahr eine Wachstumsrate von zwei Prozent erwarten.

BRAUN —Das sehe ich in der nächsten Zukunft leider nicht. Die westeuropäische Wirtschaft wird wahrscheinlich langsamer wachsen als die japanische oder die amerikanische. Wenn die Deutschen zwei Prozent erreichen, dann würde ich erwarten, daß die Amerikanern vier Prozent schaffen.

HELLER —In England sind wir der Meinung, daß die Anzahl der Arbeitslosen weiter steigen wird.

BRAUN —Das glaube ich auch; sie wird wohl steigen, wenn auch langsamer als heute.

HELLER —Und wie ist es mit der Inflation? Haben Sie in dieser Hinsicht irgendwelche Sorgen?

BRAUN —Es ist höchst unwahrscheinlich, daß irgendeine merkliche Verbesserung der jährlichen Inflationsrate eintreten wird, und, infolge der Lücke zwischen den verschiedenen Inflationsraten der EG-Länder, ist es anzunehmen, daß das europäische Währungssystem erneut reformiert werden muß.

HELLER —Meine Kunden in Stuttgart waren der Meinung, die künftige Wirtschaftsentwicklung wird in hohem Maße davon abhängen, ob und wie die Bundesrepublik ihre Energieprobleme löst.

BRAUN —Das schon: wie Sie doch wissen, verfügen wir über kein eigenes Erdöl.

HELLER —Und treibt die BRD gerne mit dem Ostblock Handel?

BRAUN —Freilich! Mehr und mehr deutsche Unternehmen arbeiten mit osteuropäischen Ländern zusammen. Wir haben uns immer für internationale Zusammenarbeit eingesetzt und auf den Abbau von Zöllen hingearbeitet. Es wird konzessioniert; Patentbenutzung wird erlaubt; Know-How wird ausgetauscht. Aber – und dieses möchte ich betonen – das wirtschaftliche Schicksal der BRD wird, und bleibt auch weiterhin, von ihren Beziehungen zu westeuropäischen Ländern bestimmt.

Note: The term '*Wirtschaftswunder*' (economic miracle) was first coined to describe the dramatic economic recovery of the Federal Republic in the years following the draconian currency reform of 1948, during the Chancellorship of Konrad Adenauer, whose finance minister Ludwig Erhard was responsible for guiding the nation's economy and succeeded Adenauer as Chancellor. He will be remembered chiefly, however, as the architect of the '*Wirtschaftswunder*'.

A. Answer in German

1 Woran denkt man gewöhnlich, wenn man das Schlagwort 'Wirtschaftswunder' hört?
2 Wie ist ein anhaltender Industrieaufschwung zu erreichen?
3 Wann ist eine beträchtliche Zinsherabsetzung zu erwarten?
4 Wie wird sich die Anzahl der Arbeitslosen im kommenden Jahr verändern?
5 Die Wirtschaft welcher Länder wird im kommenden Jahr am schnellsten wachsen?
6 Was für eine Wachstumsrate erwartet Deutschland im kommenden Jahr?
7 Warum muß das europäische Währungssystem reformiert werden?
8 Was bestimmt die künftige Wirtschaftsentwicklung der BRD?
9 Arbeitet die BRD gern mit osteuropäischen Ländern zusammen?
10 Wovon ist das wirtschaftliche Schicksal der BRD bestimmt?

B. Translate into German

1 Whenever I hear the words 'economic miracle', I think immediately of Germany.
2 I still think the future looks gloomy.
3 We must hope for a significant reduction in interest rates.
4 Debt problems will only be overcome by sustained economic growth.
5 The number of people unemployed will continue to rise in the coming year.
6 Germany has to solve its energy problems before it can expect economic growth.
7 German companies are eager to trade with countries in eastern Europe.
8 There is more and more co-operation with the eastern block.
9 Germany has always worked for the reduction of trade tariffs.
10 The economic future of Germany depends on its relations with the other West-european countries.

C. Explain in German:

1 ein beständiger Konjunkturanstieg.
2 eine beträchtliche Zinsherabsetzung.
3 anhaltendes Wirtschaftswachstum.
4 der Abbau von Zöllen.
5 es wird konzessioniert.
6 das Währungssystem wird reformiert.

D. Prepositions and the cases which follow them. Complete:

1 Wir haben davon während d– Essen– gesprochen.
2 Der Fluß fließt durch ein– tief– See.
3 Wir haben die Möbel gegen d– Wand gestellt, und wir haben getanzt.
4 Sindelfingen liegt auf d– Strecke nach Stuttgart.
5 Wegen d– Krankheit ihr– Vater– bleibt sie zu Hause.
6 Sie glaubt, ohne ihr– Mann nicht leben zu können.
7 Wo ist er angestellt? Er ist bei d– Bundesbahn.
8 Er hat es zu mein– voll– Zufriedenheit erledigt.
9 Treffen wir uns um 8 Uhr? Gut, dann warte ich an d– Ecke.
10 Ich saß zwischen mein– Bruder und sein– schön– Frau.

E. Rewrite in the tense indicated:

1 In der Fertigungsstraße folgen wir dem Trend zur Automation. (Future)
2 Ich kam als Schulabgänger in die Lehre zu dieser Firma. (Perfect)
3 Unsere Flugzeit beträgt etwa anderthalb Stunden. (Perfect)
4 Ich habe nach dem Hochschulabschluß angefangen. (Present)
5 Ich stehe ihm zur Verfügung und bin bereit, nach Köln zu kommen. (Imperfect)
6 Ich habe sogar einen Fahrplan in der Tasche. (Imperfect)
7 Die Fabrik können Sie vom Haupteingang des Bahnhofs sehen. (Future)
8 Ich soll um halb zehn ankommen. (Perfect)
9 Ich muß mich auf die Konferenz vorbereiten. (Future)
10 Wir haben in Frankfurt gesprochen. (Imperfect)
11 Ich wollte Frau Schultze in Frankfurt besuchen. (Perfect)
12 Er wird uns durch die Werksanlagen führen. (Present)

F. Rôle-playing

Heller and Braun are discussing the German economy in particular, and the EEC in general. Play the part of Heller.

HELLER	—(*Germany's economy is the talk of the world. Everyone thinks that economic miracle is synonymous with 'the Federal Republic of Germany'.*)
BRAUN	—Mir sieht die Zukunft trübe aus. Man hat keinen Optimismus mehr. Die Zinsen sind zu hoch.
HELLER	—(*But surely you Germans are expecting an industrial growth rate of two per cent in the coming year?*)
BRAUN	—Das glaube ich nicht. Zinsen, Arbeitslosigkeit, Inflation. Nein, Wachstum sehe ich überhaupt nicht.
HELLER	—(*I should have thought we could have expected a slight fall in the unemployment figures, together with a general drop in the interest rates.*)
BRAUN	—Ganz im Gegenteil. Ich bin der Meinung, die Anzahl der Arbeitslosen wird steigen. Ich sehe keine Verbesserung der Inflationsrate.

HELLER —(*Then, because of the huge differences between individual interest rates in the EEC countries, we must expect a realignment of European currencies. And unless the FRG solves its energy problems, the future is indeed gloomy.*)

G. Guided conversation

With the help of the following information record or write a summary of the dialogue:

Die deutsche Wirtschaft wird überall diskutiert. (Wie wird sie beschrieben?) Jedoch sieht die Zukunft trübe aus. (Warum? Wie ist ein Industrieaufschwung zu erreichen? Wann ist eine Zinsherabsetzung zu erwarten?) Herr Heller sagt, daß eine Wachstumsrate von zwei Prozent zu erwarten sei. (Woher weiß er das?) Herr Braun ist pessimistisch. (Warum? Welche Wirtschaft wächst schneller? Wie ist es mit den Arbeitslosen? Verbessert sich die Inflationsrate der EG-Länder? Wenn nicht, was wird geschehen? Was sind die größten Probleme, die die BRD lösen muß?) Die BRD treibt gern Handel mit dem Ostblock, denn sie hofft, Zölle abzubauen. (Wie macht sie das?) Wie sieht letzten Endes das wirtschaftliche Schicksal der BRD aus?

H. Translate into German:

Well, it's good to see you again. Welcome back to Munich. I must say, your German is very impressive. You really have made progress since we last met. It is obvious that you made good use of your time at the Frankfurt Fair. Let me take your cases, the car is just over there.

I suppose you've already noticed the posters? It's for the election campaign, which has been on the go for months now. We've all got election fever.

If you are not hungry right now, we could have a drink, then I have a little surprise for you. I want to take you to a place I know in the country. They serve the most delicious Bavarian food. It's an experience you will not forget, I promise you.

Grammar   GENDER OF NOUNS

Feminine nouns are:
1. Those which by meaning are feminine:
   die Mutter, die Schwester, die Tochter, die Kuh.
2. Those ending in **−in, −heit, −keit, −schaft, −ung:**
   die Lehrerin, die Hündin, die Schülerin, die Ärztin,
   die Schönheit, die Süßigkeit, die Landschaft, die Dichtung.
3. The names of many trees and flowers:
   die Lärche, die Eiche, die Fichte, die Buche,
   die Tulpe, die Rose, die Nelke.
4. The names of most German rivers:
   die Donau, die Mosel, die Elbe, die Ruhr, die Weser, die Lahn,
   but N.B. der Rhein, der Main, der Neckar, der Inn.
   Note also that many very large foreign rivers are masculine, because '*der Strom*' is understood, e.g. *der Nil, der Mississippi, der Amazonas, der Kongo.*

Useful expressions

ein beständiger Konjunkturanstieg	a lasting economic recovery
eine beträchtliche Zinsherabsetzung	a significant easing of interest rates
anhaltendes Wirtschaftswachstum	sustained growth
der Abbau von Zöllen	reduction of customs duties
es wird konzessioniert	licences are granted (to manufacture)
das Währungssystem wird reformiert	realignment of the monetary parity system

Heller is in conversation with the personnel manager of their company (Leiter der Personalabteilung), *discussing a surprising piece of information.*

HELLER	—Fräulein Adams hat gekündigt.
L. D. P.	—Das ist ja schade. Sie ist eine sehr fleißige Mitarbeiterin. Ersatz wird sich nicht leicht finden lassen – oder haben Sie eine neue Sekretärin gefunden?
HELLER	—Nein, noch nicht. Ich lasse morgen eine Anzeige in die Zeitung setzen.
L. D. P.	—Wann will Fräulein Adams ihre Stellung aufgeben?
HELLER	—In knapp vier Wochen. Wußten Sie nicht, daß sie heiraten will?
L. D. P.	—Ich hatte keine Ahnung, daß sie sogar verlobt sei.
HELLER	—Ja, Fräulein Adams hat ihr Privatleben immer ziemlich geheimgehalten.

. . . .

Bekanntes Export-Import Unternehmen sucht für den Verkaufsleiter
eine CHEF-SEKRETÄRIN
Wir suchen Bewerberinnen im Alter bis zu 30 Jahren, die Stenographie sowie Maschinenschreiben perfekt beherrschen. Müssen selbständig arbeiten können. Fließend deutsch vorausgesetzt.

Es ist uns daran gelegen, eine möglichst erfahrene Dame einzustellen, die mit gewinnendem Wesen, Charme und Überblick als 'rechte Hand' der Geschäftsleitung dafür sorgt, daß alles wie am Schnürchen läuft.

Wir bieten eine überdurchschnittliche Bezahlung, Urlaubsgeld und Fahrgeldzuschuß sowie eine vorbildliche Altersversorgung und verbilligtes Mittagessen aus eigener Kantine.

Schriftliche Bewerbungen mit Lebenslauf, Lichtbild, Zeugnisabschriften, Anfangstermin sowie Gehaltswunsch unter PO Box 127, Times.

. . . .

Sehr geehrter Herr,

auf Ihr Stellenangebot in der 'Times' vom 13.06.85 bewerbe ich mich um die Stelle als Chef-Sekretärin des Verkaufsleiters und übersende Ihnen die erforderlichen Unterlagen.

Seit fünf Jahren bin ich als Sekretärin bei der Firma L. K. Johnson in Manchester tätig. Meine jetzige Stellung will ich aufgeben, weil ich aus privaten Gründen in Birmingham tätig sein möchte. Deutsch studierte ich an der Universität, und außerdem habe ich sechs Monate in Düsseldorf gearbeitet.

Als Referenz nenne ich Mr L. K. Johnson, Managing Director der Firma L. K. Johnson & Sons, 427 High Street, Manchester M20 3NY.

Ich würde mich freuen, wenn Sie meine Bewerbung in die engere Wahl ziehen könnten, und bin selbstverständlich gerne bereit, mich persönlich vorzustellen.

Mit vorzüglicher Hochachtung

Anlagen:
Lebenslauf
Lichtbild
Zeugnisabschriften

Note: the terms used in German in connection with job adverts and applications are not immediately identifiable with their English equivalents. Thus 'pension scheme' is '*Altersversorgung*', 'desired salary' is '*Gehaltswunsch*', 'when (you would be) available' is '*Anfangstermin*' and 'the short list' is '*die engere Wahl*'. N. B. Do not confuse '*Unterlagen*' (documents) with '*Anlagen*' (enclosures).

A. Answer in German

 1 Warum findet der Leiter der Personalabteilung es schade, daß Fräulein Adams gekündigt hat?
 2 Warum hat Fräulein Adams gekündigt?
 3 Wie wird Herr Heller eine neue Mitarbeiterin finden?
 4 Wann wird Fräulein Adams ausscheiden?
 5 Warum hat der Leiter der Personalabteilung keine Ahnung, daß Fräulein Adams heiraten will?
 6 Welche Sprachen müssen Bewerberinnen beherrschen?
 7 Was müssen die Bewerberinnen auch perfekt können?
 8 Welche Unterlagen müssen Bewerberinnen ihrem Schreiben beilegen?
 9 Warum will die Bewerberin ihre jetzige Stellung aufgeben?
10 Wo hat die Bewerberin so gut Deutsch gelernt?

B. Translate into German

 1 My secretary has given in her notice.
 2 It will be very difficult to find a replacement.

3 I will put an advert in the paper next week.
4 I had no idea that she was even engaged.
5 Applicants must speak fluent German and French.
6 Applications should include a curriculum vitae and a recent photograph.
7 She must be capable of working unsupervised.
8 I studied French at the university, and worked for nearly a year in the north of Germany.
9 In Hamburg I worked as a secretary for an export company.
10 We offer a very good salary, 30 days holiday, and help with removals.

C. Explain in German:

1 Ersatz wird sich nicht leicht finden lassen.
2 Hilfe beim Umziehen.
3 Eine Anzeige in die Zeitung setzen.
4 Muß selbständig arbeiten können.
5 Eine überdurchschnittliche Bezahlung.

D. Write in German your curriculum vitae.

E. Choose two of the advertisements printed below, and translate them into German for insertion into a newspaper.

F. Choose the post which interests you most, and write in German a formal letter of application.

G. Rewrite the following sentences without using the word 'wenn':

1 Wenn die Nebenstellennummer bekannt ist, ist die Eins wegzulassen.
2 Wenn wir mehr Geld hätten, würden wir die Rheinfahrt mit unserem eigenen Boot machen.
3 Wenn der in England verlangte Ort im Selbstwählferndienst zu erreichen ist, können Sie die Verbindung selbst wählen.
4 Wenn man zum Schalter geht, kann man eine Quittung erhalten.
5 Wenn eine Firma Durchwahl hat, kann man unmittelbar die Nebenstelle erreichen.

H. Rôle-playing

A personnel officer is interviewing an applicant for the post of secretary. Play the part of the applicant:

L. D. P.	—Wir suchen eine Bewerberin, die Stenographie und Maschinenschreiben perfekt beherrscht.
BEWERBERIN	—(*You have worked for the last eight years for an export-import company in London. You were the managing director's secretary.*)
L. D. P.	—Warum wollen Sie hier in Birmingham tätig sein?
BEWERBERIN	—(*You are engaged and are soon to be married. Your future husband is working in Birmingham, and for that reason you would like to find work here too.*)

L. D. P.   —Und wie ist es mit den Sprachkenntnissen? Sie wissen doch, daß fließend Deutsch vorausgesetzt ist?

BEWERBERIN   —(*As he can see from your curriculum vitae, you have excellent German. You studied German language and literature at the university in Manchester, and you have worked for a year as an assistant in a German school in Kiel.*)

L. D. P.   —Nun, unser Fräulein Adams will ihre Stellung in acht Tagen aufgeben. Wann können Sie bei uns anfangen?

BEWERBERIN   —(*You have to give a week's notice to your present employer, and then you need time for the move from London to Birmingham. You do not think it is possible for you to take up this post before the 15th of this month. Incidentally, would this firm consider helping you financially with the move?*)

Grammar   ## GENDER OF NOUNS
CONDITIONAL CLAUSES

1. Neuter nouns are:
   1. Those ending in **–lein, –chen, –icht, –nis, –tel, –tum**:
      das Mädchen, das Fräulein, das Onkelchen, das Röslein;
      das Dickicht; das Viertel (& other fractions, but N. B. *die Hälfte*);
      das Königtum, das Christentum, das Eigentum (but N. B. *der Irrtum*, der Reichtum); das Ergebnis, das Erlebnis (but N. B. *die Erlaubnis*).
   2. Names of minerals and most chemicals:
      das Silber, das Blei, das Eisen, das Kupfer, das Chlor, das Jod, das Salz (but N. B. *der Schwefel, der Stahl, der Sauerstoff* etc. – because *Stoff is masculine*).
   3. Collective nouns beginning with **Ge –**:
      das Gebirge, das Gepäck, das Gehänge, das Gemüse
      (but N. B. *der Gesang, die Geschichte*).
   4. Most countries and continents, and all towns except *den Haag*:
      das alte Wien, das kranke Europa, das schöne Griechenland.
      However, countries with names ending in **–e, –ei, –z** are feminine:
      die Türkei, die Tschechoslowakei, die Ukraine, die Normandie,
      die Schweiz, die Pfalz.
2. In conditional sentences, '*wenn*' may be omitted when the condition precedes the result, in which case the verb begins the sentence, and the result clause is usually introduced by '*so*':
   Hätte ich nur Geld genug, so würde ich es kaufen.
   Geht man früh zur Bäckerei, so bekommt man warme Brötchen.

Useful expressions

Ersatz wird sich nicht leicht finden lassen – It will be difficult to find a replacement – an example of the German predilection for using a reflexive form where English might expect a passive, cf. *es läßt sich nicht leugnen* – it cannot be denied.

alles läuft wie am Schnürchen   everything runs smoothly

Herr Heller and Herr Braun are discussing the future with particular regard to automation in the factory.

HELLER   —Was den Gebrauch von Robotern betrifft, sind wir während des letzten Jahrzehnts weit hinter unseren Konkurrenten zurückgeblieben. Aber endlich tun wir etwas, diese sehr ernst gewordene Situation zu verbessern. Der Vorstand meiner Firma hat klar erkannt, daß man Roboter verstehen und gebrauchen muß, wenn man in dieser modernen Handelswelt überleben will. Was für meine Firma gilt, gilt auch für die britische Industrie im allgemeinen. Wenn englische Firmen ihren Marktanteil wiedergewinnen wollen, müssen sie Roboter ebenso schnell akzeptieren wie ihre wichtigsten Konkurrenten.

BRAUN   —Doch weisen die Statistiken anderswohin. Die Anzahl der in Großbritannien aufgestellten Roboter ist bis Ende 1982 auf 1152 gestiegen: mit anderen Worten eine Wachstumsrate von 61 Prozent. Doch haben die Deutschen in dieser Zeit 1200, die Amerikaner 1500 und die Japaner sogar 3000 aufgestellt.

HELLER   —Zugegeben. Und das britische Industrieministerium ist darüber enttäuscht, daß in Vergleich zu den amerikanischen wenige englische Fabriken mit Robotern ausgestattet worden sind: es beaufsichtigt und finanziert Pläne zur Förderung der Robotertechnik.

BRAUN   —Können Sie mir über die Maßnahmen berichten, die Ihre Firma zur Automatisierung unternommen hat? Wie weit, Ihrer Meinung nach, können Sie in diese Richtung noch gehen?

THE WALL STREET JOURNAL

„*Lassen Sie die Polizei aus dem Spiel, wenn Sie ihn heil zurückhaben wollen.*"

HELLER   —In ihrer Phantasie sehen unsere Betriebsingenieure eine Fabrik ganz ohne Arbeiter, worin die Rohstoffe an einem Ende der Fertigungsstraße zugeführt, und am anderen die schon verpackten Erzeugnisse lieferbereit ausgespuckt werden.

BRAUN   —Und wann wird sich dieser Wunsch erfüllen?

HELLER   —Wir haben uns seit einigen Jahren Roboter Know-How hereingeholt und haben eine Belegschaft in Aussicht, die nur ein Fünftel der üblichen beträgt. Tagsüber werden etwa 100 Arbeiter beschäftigt sein. Sie werden Material ab- und aufladen. Die wahre Produktivität kommt mit der Nachtschicht. Für 16 Stunden jeden Tag wird die Maschinenwerkstatt von einem einzigen Mann bedient. Er wird in der Befehlszentrale sitzen, und mittels eines Computers und einer Fernsehkamera wird die ganze Nacht hindurch die ganze Fabrik beaufsichtigt.

BRAUN   —Das kommt mir irgendwie unheimlich vor.

Note: *der Vorstand* is the body authorised to take executive decisions. In the context of this Chapter it means the Board of Directors, but it can equally well mean, in other contexts, the Committee of an amateur choir or the Governing Body of an educational institution.

A. Answer in German

1 Was muß man tun, um in der modernen Handelswelt zu überleben?
2 Wie können englische Firmen ihren Marktanteil wiedergewinnen?
3 Worüber ist das britische Industrieministerium enttäuscht?
4 Wie fördert das britische Industrieministerium die Robotertechnik?
5 Wie groß ist die Belegschaft, die Herr Heller in Aussicht hat?
6 Welche Phantasie haben Hellers Betriebsingenieure?
7 Wie sind diese Arbeiter beschäftigt?
8 Wann beginnt die wahre Produktivität?
9 Wo sitzt der einzige Arbeiter der Nachtschicht?
10 Wie kontrolliert er das Ganze?

B. Translate into German

1 My company has realised that the use of robots is essential if it is to survive.
2 We must accept robots in our factories and use more computers.
3 But the statistics show that your competitors are much more advanced.
4 I am very disappointed with our progress towards automation.
5 We shall have to run courses on robot technology.
6 What steps has your company taken towards automation?
7 I dream of a factory completely empty of workers.
8 How close do you think this dream may be?
9 We have been accumulating robotic know-how for some years now.
10 The real productivity is in the night shift.
11 The entire factory is controlled by one man throughout the night.
12 He sits in the control room and has television monitors.

C. *Explain in German:*

1 In der modernen Handelswelt überleben.
2 Unsere Firma hat ihren Marktanteil verloren.
3 Nun gib es doch endlich zu!
4 Ich sehe es nur in meiner Phantasie.
5 Die Aufsicht über die ganze Fabrik haben.
6 Das kommt mir unheimlich vor.

D. *Complete:*

1 Seit unser– Kinderzeit verbringt er jed– Jahr sei– Urlaub in d– Schweiz.
2 Auf d– Messe hatten wir d– Eindruck, daß unse– Erzeugnisse Ih– Bedürfniss– entsprechen.
3 In d– Zeitung liest man so viel von groß– Arbeitskämpf– in England.
4 Was hält Frau Schultze von d– Qualität d– angeboten– Erzeugnisse?
5 Auch in d– Fertigung folgen wir d– allgemei– Trend zur Automation.
6 Herzlich– Dank für d– Einblick in d– Arbeitsgebiet Ih– Firma.
7 Ich hoffe, noch heute d– Vertrag für ei– ziemlich groß– elektronisch– Anlage zu unterzeichnen.
8 Wir haben d– Ruhrschnellweg verlassen, um ei– näher– Eindruck von d– Vorort– von Essen zu bekommen.
9 Ei– Urlaub würden wir mehr in ei– Kleinstadt genießen, oder vielleicht auf d– Land–.
10 Wenn wir mit unse– eigen– Wagen fahren, dann können wir durch d– Rheintal fahren.

E. *Rewrite in the tense indicated:*

1 Ich habe keine Gelegenheit, die Schweiz zu besuchen. (Perfect)
2 Wahrscheinlich ist es Ihrer Aufmerksamkeit entgangen. (Present)
3 Hätten Sie einen so langen Brief geschrieben? (Future)
4 Du weißt besser Bescheid als ich. (Imperfect)
5 Es wurde in den Flammen des zweiten Weltkriegs zerstört. (Perfect)
6 Wir hatten Sie gebeten, uns eine Exportliste in DM zu schicken. (Present)
7 Fotokopien darüber lege ich bei. (Future)
8 Ich schlage vor, daß wir nach Essen fahren. (Imperfect)
9 Diese Firmen sind sehr wichtig für unser industrielles Wachstum. (Perfect)
10 Warum hat Herr Heller Fräulein Adams zu sich hereinkommen lassen? (Present)
11 Wir müssen ihm mitteilen, daß wir nicht kommen können. (Future)
12 Ich habe dieses Schild nicht verstanden. (Imperfect)

F. *Using the rules for determining gender which were given in Chapters 12, 13 and 14, but without referring to the text, add the appropriate definite article to:*

Erfahrung; Drittel; Geschwindigkeit; Freitag; Wahrheit;
Juni; Lehrerin; Königtum; Gold; Türkei; Geräusch;
Eiche; Geheimnis; Ordnung; Sicherheit.

G. Complete with the appropriate prepositions:

1 Ich sehe – Ihrer Mappe, daß Sie die Firma Brinkmann vertreten.
2 Frankfurt kenne ich überhaupt nicht; ich bin – ersten Mal hier.
3 Bonn hat nichts Besonderes – der Universität und dem Beethovenhaus.
4 Am besten fahren Sie – der Eisenbahn.
5 Frau Schultze ist unsere Einkaufsleiterin und wird sich – Sie kümmern.
6 Ich habe schon sehr viel – das Schwabenland gelesen.
7 Heute abend schon geht meine Fahrt – Frankfurt weiter.
8 Es macht mir keine Mühe, Sie – Flughafen zu bringen.
9 Ich schlage vor, daß wir – Düsseldorf – Frankfurt – Stuttgart fahren.
10 Wir wollen – das ganze Ruhrgebiet fahren.
11 Freitag könnten wir weiter – Süden ziehen und etwas mehr – Bayern sehen.
12 Wir werden die Rheinfahrt – unserem eigenen Boot machen.

H. Rôle-playing

Herr Braun and Herr Heller are discussing the factory of the future. Play the part of Herr Heller.

BRAUN   —Wohin geht die technische Entwicklung in den 80er Jahren, und welche Position räumen Sie dabei den Robotern ein?

HELLER   —*(Firstly you would like to say that it is most important to understand and use robots whenever and wherever possible.)*

„*Er hat sein erstes Wort eingegeben!*"

BRAUN   —Wieviele Roboter sind in Großbritannien schon aufgestellt?

HELLER   —*(All right, you admit that Great Britain has been lagging behind. Over the past five years, however, the British have gathered much information about robots, and many British factories are now installing them.)*

BRAUN   —Rechnen Sie mit noch weiteren Entwicklungen und Fortschritten?

HELLER   —(*Yes. You foresee that eventually there will be factories with a workforce which is about a quarter of the size it is today. What is more
important, the night-shift will consist of one solitary person.*)

BRAUN   —Und wie beschäftigt sich dieser einsame Mensch?

HELLER   —(*He will sit all alone in the control room and, with the help of
computers and TV monitors, he will look after the whole machine
shop.*)

Grammar   INSEPARABLE PREFIXES

Inseparable prefixes are difficult and require patient study. It is very helpful in
translation exercises to be aware of the force of these prefixes. The notes which follow
are not intended to be exhaustive. They only deal with some of the aspects and
meanings of the prefixes. Study each new inseparable verb as you come across it, and
add your own notes to those we offer here.

be—
1. makes intransitive verbs transitive: *bezahlen, beantworten, beherrschen*
2. turns an adjective or noun into a verb meaning 'to cover with',
'supply': *beleuchten, beschmutzen, befruchten, bevölkern*

ent—
1. denotes origin, change, development: *entstehen, entwickeln, entwerfen*
2. forms opposites: *entspannen, entsichern, entdecken, entladen, entfalten,
entfesseln*
3. denotes separation or deprivation: *entnehmen, entreißen*
4. with some verbs of motion has the force of 'to escape': *entfliehen,
entkommen*

er—
1. denotes achievement, the successful completion or conclusion of an
action; often has the force of acquiring something by an action:
erlernen, erkämpfen, ermöglichen, erwachen, erreichen
2. can denote the beginning of an action: *erzittern, erklingen, erstrahlen*
3. has the force of 'doing to death': *ermordern, erschlagen, ertränken,
ertrinken, erfrieren*

miß
1. forms opposites: *mißglücken, mißfallen, mißachten, mißdeuten*
2. denotes something done incorrectly or badly: *mißlingen, mißhandeln*

ver—
1. can intensify the meaning: *verhören, verlassen, versprechen, verändern*
2. adds the sense of 'away': *verreisen, verjagen, vertreiben*
3. denotes making a mistake (in this sense it is often reflexive):
verwechseln, verpassen, sich verlaufen, sich versprechen
4. denotes a way of spending time: *vertrinken, verplaudern, verbringen*
5. adds a negative or unfavourable sense: *verkennen, verschwenden*
6. forms the opposite of the root verb: *verachten, verblühen, verkaufen*
7. forms factitive verbs from adjectives, i.e. has the sense 'to make' +
adj.: *verbessern, vereinfachen, verjüngen, verlängern, vertiefen*

zer–   denotes 'apart', 'to pieces': *zerreißen, zerbrechen, zerstören, zerteilen, zerpulvern, zertreten*

Useful expressions

zugeben   to admit, confess; *ich gebe zu, daß Sie recht haben.* Note also *zugegeben* – granted, admittedly, e.g. *zugegeben*, es ist nicht viel, aber . . .

Aufsicht haben über   to have control of, to supervise

vorkommen   *einem irgendwie (. . .) vorkommen* – to strike one (in a certain way); *es kommt mir merkwürdig vor* – it strikes me as odd

Frau Schultze is at the Travel Agent's, asking the assistant's advice about a proposed holiday in Britain.

FRAU SCHULTZE —Ich möchte im Laufe eines Monats soviel wie möglich sehen, aber vor allen Dingen will ich schlechtes Wetter vermeiden: hoffentlich läßt sich das machen.

ANGESTELLTE —Juni ist an sich ein verhältnismäßig trockener Monat, aber es ist kaum vorstellbar, daß in England ein ganzer Monat ohne Regen verlaufen könne.

FRAU SCHULTZE —Wo würden Sie sagen, daß man im Juni die meiste Sonne und den wenigsten Regen habe?

ANGESTELLTE —Ostanglien soll so gut wie niederschlagsfrei sein und hat auch viel Sonne.

FRAU SCHULTZE —Also, ich muß zunächst einen Besuch in London machen, dann fahre ich direkt nach Ostanglien. Welche Orte würden Sie für Übernachtungen empfehlen?

ANGESTELLTE —Auf jeden Fall Cambridge und Norwich: das sind zwei der schönsten Städte in ganz England.

FRAU SCHULTZE —Danach wäre es ratsam, nach Nordengland zu fahren, finden Sie nicht? Welche Stadt würden Sie für einen Aufenthalt empfehlen?

ANGESTELLTE —Nun, York ist ganz hervorragend, und von dort aus können Sie in Tagesausflügen die schönste Landschaft sehen, die England überhaupt zu bieten hat.

FRAU SCHULTZE —Wissen Sie zufällig, wie die langfristige Wettervorhersage für England lautet?

ANGESTELLTE —Ja, das Radio sagt, daß man für Juni nur vereinzelt leichte Schauer mit Höchsttemperaturen über zwanzig Grad erwarte: das ist für Sie sehr günstig.

FRAU SCHULTZE —Und wenn ich anschließend nach Schottland fahre, wie könnte ich am besten in einer Woche das ganze Land kennenlernen?

ANGESTELLTE —Ich halte zwei-drei Tage in Edinburg für unerläßlich, dann können Sie ins schottische Hochland fahren und an der West-küste entlang zurück ins englische Seengebiet, aber Sie werden kaum Zeit haben, die Inseln zu besuchen, und höchstwahrschein-lich werden Sie dabei etwas Regen haben.

FRAU SCHULTZE —Ich muß also auf die Hebriden verzichten; aber glauben Sie, daß es der Mühe wert sei, einige Tage im Seengebiet zu verbringen?

ANGESTELLTE —Mir persönlich hat es sehr gefallen, obwohl meine Freunde sagten, daß der Regen ihren Urlaub völlig verdorben habe.

FRAU SCHULTZE —Nachher werde ich mich ohnehin in Südwest-England erholen!

Note: A typical radio weather forecast (but not for June!):
Das Wetter für Nord- und Westdeutschland: zunächst bedeckt, und vor allem in

Westfalen und in Niedersachsen Regen, der sich im Tagesverlauf auch auf Schleswig-Holstein ausweitet. Hier bei Temperaturen knapp über dem Gefrierpunkt anfangs streckenweise Glatteis. In der zweiten Tageshälfte von Westen her zögernder Übergang zu wechselnder Bewölkung mit Aufheiterungen und nur noch vereinzelt leichte Schauer. Höchste Temperaturen in Nordrhein-Westfalen und Niedersachsen fünf bis acht, in Schleswig-Holstein und im Bergland drei Grad. Nachts nur geringer Temperaturrückgang. Mäßiger bis frischer und böiger Wind aus Südost bis Südwest. Am Dienstag und Mittwoch leicht unbeständig, weiterhin mild. Die Windvorhersage: Deutsche Bucht Ost bis Südost sechs, diesig, Küstennebelfelder; westliche Ostsee Ost bis Südost sechs, Nebel.

A. Answer in German

1 Was will Frau Schultze vermeiden?
2 Gibt es in England viel Regen im Juni?
3 In welchem Gebiet hat man den wenigsten Regen?
4 Wohin muß Frau Schultze zunächst fahren?
5 Welche Städte in Ostanglien empfiehlt die Angestellte?
6 Welche Stadt in Nordengland ist hervorragend?
7 Was kann man von dort aus machen?
8 Wie lautet die langfristige Wettervorhersage für England?
9 Wohin will Frau Schultze von Nordengland aus fahren?
10 Was für eine Route schlägt die Angestellte für Schottland vor?
11 Worauf muß Frau Schultze verzichten?
12 Wo wird sie nach der Schottlandreise einige Tage verbringen?

B. Translate into German

1 East Anglia is supposed to have practically no rainfall.
2 Those are two of the most beautiful towns in Scotland.
3 It would be advisable to drive to Edinburgh.
4 From there you could take day trips.
5 The long-range weather forecast is favourable.
6 Only light scattered showers are expected.
7 He thinks two or three days in York are a must.
8 We'll hardly have time to visit the Hebrides.
9 Is it worth the trouble of spending a few days there?
10 Her friends said the rain had completely spoilt their holiday.

C. Put the following sentences into reported speech

Example: Er sagte: 'Im Juni hat man die meiste Sonne dort.'
Er sagte, daß man im Juni dort die meiste Sonne habe.

1 Das Radio sagt: 'Für Juni erwartet man Höchsttemperaturen über zwanzig Grad'.
2 Sie fragte: 'Wie kann ich am besten ganz Schottland kennenlernen?'
3 Er antwortete: 'Der Regen hat unseren Urlaub völlig verdorben.'
4 Herr Heller behauptete: 'Mein Partner muß mir das Geld schicken.'

5 Die Sekretärin meinte: 'Der Chef wird bald kommen.'
6 'Dieses Büro', sagte er, 'ist erst seit kurzem eröffnet.'
7 Ich fragte ihn: 'Was hast du verloren?'
8 'Im größten Raum', erklärte er, 'werden die Tischpressen installiert.'
9 'Wann werde ich Sie wiedersehen?', fragte er mich.
10 'Den Brief habe ich schon geschrieben', sagte er.

D. Other uses of the subjunctive. Translate into German:

1 If only I knew!
2 Be that as it may.
3 Take two tablets after meals.
4 That could well be true.
5 I should like to have gone.
6 Not that I know.
7 Thank Heavens!
8 Long live freedom!

E. Combine the two sentences, using the conjunction indicated:

Example: Es hat mir gut gefallen. Meine Freunde waren damit nicht zufrieden. (obwohl).
          Es hat mir gut gefallen, obwohl meine Freunde damit nicht zufrieden waren.

1 Ich fahre anschließend nach Schottland. Wie könnte ich am besten das ganze Land kennenlernen? (wenn)
2 Ich muß zunächst London besuchen. Ich habe dort Geschäftsfreunde. (weil)
3 Bitte, bleiben Sie angeschnallt. Das Flugzeug ist zum Stillstand gekommen. (bis)
4 Er weiß nicht. Er kann morgen fahren. (ob)
5 Die Tür war geschlossen. Er fuhr vorbei. (als)
6 Sie hat einen Unfall gehabt. Sie hatte das Auto gemietet. (nachdem)
7 Er stand lange an der Ecke. Er wartete auf jemand. (als ob)
8 Tante Sophie brachte die Nachricht. Unsere Oma war plötzlich gestorben. (daß)
9 Sie hat gut gegessen. Sie fuhr nach Hause. (bevor)
10 Ich habe keine Ahnung. Wir können es finden. (wie)

F. Translate into English:

1 Gelsenkirchen ist an sich keine schöne Stadt.
2 Das sind die teuersten im ganzen Laden.
3 Dafür brauche ich drei—vier Stunden.
4 Damit ist die Sache so gut wie erledigt.
5 Cambridge ist vor allen Dingen eine Universitätsstadt.
6 Man erwartet Höchsttemperaturen zwischen 19 und 21 Grad.
7 Die langfristige Wettervorhersage ist nicht besonders zuverlässig.
8 Im Seengebiet vereinzelt leichte Schauer, sonst niederschlagsfrei.
9 Er meint, es sei nicht der Mühe wert.
10 Den Dom mußt du auf jeden Fall besichtigen.

G. Rôle-playing

Herr Heller is enquiring about a holiday in Austria. Play the part of the assistant.

HERR HELLER   —Ich möchte einige Tage in Wien, Salzburg und Innsbruck verbringen, und zwischendrin etwas vom Salzkammergut und von Kärnten sehen, geht das?

ANGESTELLTE   —(*If he has at least three weeks at his disposal, that can easily be done.*)

HERR HELLER   —Schön. Ich werde wohl am besten nach Wien fliegen, oder?

ANGESTELLTE   —(*You would suggest that he fly to Innsbruck, as the distance is shorter and the flight price cheaper.*)

HERR HELLER   —Das wäre mir nie eingefallen, aber Sie haben vollkommen recht. Danke!

ANGESTELLTE   —(*In what sort of hotels does he wish to stay? First-class or family hotels?*)

HERR HELLER   —Für einen Urlaub ziehe ich Familienhotels vor, sie sind gemütlicher.

ANGESTELLTE   —(*You have a list of them here, and will mark with a cross the ones you know to be good.*)

HERR HELLER   —Sehr gut. Und könnten Sie von hier aus die Hotels buchen? Ich möchte soviel wie möglich im voraus erledigen.

ANGESTELLTE   —(*No problem, but he will only be able to stay in Salzburg after the end of the Festival. Until then everything is already fully booked.*)

HERR HELLER   —Schade – ich hätte gern einmal den 'Jedermann' gesehen. Ist das möglich mit einem Tagesausflug von irgendeinem Außenbezirk, oder sind schon alle Vorstellungen ausgebucht?

ANGESTELLTE   —(*There are usually a few seats available every day; you will look into it.*)

HERR HELLER   —Also, ich komm' Mittwoch mal wieder vorbei, wenn Sie inzwischen die nötigen Auskünfte auftreiben können.

ANGESTELLTE   —(*You will have everything ready for him including the air ticket.*)

H. Guided conversation

With the help of the following information record or write a summary of the dialogue:

Frau Schultze will einen Urlaub in Großbritannien planen. (Wie lange bleibt sie dort? Was will sie auf jeden Fall vermeiden?) die Angestellte bezweifelt, ob sich ihr Wunsch erfüllen lasse. Frau Schultze fragt, wo das beste Wetter zu finden sei. Die Angestellte empfiehlt Ostanglien. Frau Schultze erklärt, daß sie zunächst einen Pflichtbesuch machen müsse (Wo?) und dann nach Ostanglien fahren werde. Die Angestellte erwähnt zwei Städte dort. (Welche? Warum?) Für Nordengland schlägt die Angestellte York als Aufenthaltsort vor. (Aus welchen Gründen?) Frau Schultze erkundigt sich nach dem Wetter, und erhält befriedigende Antworten. Dann bittet sie um Rat für eine Schottlandreise. Die Angestellte macht Vorschläge. (Welche? Was hält sie für unerläßlich?) Frau Schultze entscheidet sich für einige Tage im Seengebiet. (Wo wird sie sich nachher erholen?)

Grammar   THE SUBJUNCTIVE

The commonest form of the subjunctive in German is, of course, the imperfect subjunctive of 'werden' – '*würde*', which is used as an auxiliary to form the conditional tense (see Chapter 2 Grammar). Apart from this, the subjunctive is most frequently met in the subordinate clauses of indirect or reported speech:

DIRECT SPEECH	INDIRECT SPEECH
Sie sagen: 'Der Regen hat unseren Urlaub verdorben.'	Sie sagten, der Regen habe ihren Urlaub verdorben.
Er sagte: 'Ich werde ihm schreiben.'	Er sagte, er werde ihm schreiben.

The tense of the subjunctive in indirect speech should be the same as that of the original direct speech, provided that the subjunctive and indicative forms are different; as weak verbs have the same form in the imperfect indicative and subjunctive, the present subjunctive should be used in indirect speech with them:
'Peter spielt mit Karl.'   Er sagte, Peter spiele mit Karl.

The subjunctive sometimes occurs in main clauses expressing a wish or instruction; these are usually set expressions:
Es lebe die Königin!   Gott sei Dank!   Dem sei, wie es wolle.
Gott behüte!   Man nehme einen Liter Milch, 4 Eier . . .

Useful expressions

verhältnismäßig   relatively. *mäßig* (moderate) is used to form many such compounds: *regelmäßig* (regularly), *vorschriftsmäßig* (according to regulations), *gehaltsmäßig* (salary-wise)

langfristig   long-term, cf. *kurzfristig* – short-term; *die Frist* is a period of time, cf. *Bindefrist, Lieferfrist*

unerläßlich   indispensable, essential, cf. *der Erlaß* – decree

The Hellers are expecting a visitor from Germany. The doorbell rings.

HERR HELLER	—Ach, Frau Schultze! Herzlich willkommen! Kommen Sie doch 'rein. Unser Haus hat sich leicht finden lassen, oder?
FRAU SCHULTZE	—Kein Problem. Der von Ihnen geschickte Stadtplan war mir eine große Hilfe.
HERR HELLER	—Und wie war es mit dem Verkehr? Darf ich Ihren Mantel nehmen?
FRAU SCHULTZE	—Danke. Ja, ich habe mich von meinem Agenten frühzeitig verabschiedet. Dann hat es alles gut geklappt.
HERR HELLER	—Wunderbar. So, kommen Sie doch ins Wohnzimmer. Darf ich Ihnen meine Frau vorstellen?
FRAU SCHULTZE	—Sehr erfreut, Frau Heller.
FRAU HELLER	—Ich bin sehr erfreut, Sie kennenzulernen, Frau Schultze. Ich freue mich sehr, Sie in England begrüßen zu können. Mein Mann hat begeistert davon erzählt, wie freundlich man ihn in Stuttgart aufgenommen hat. Fühlen Sie sich bei uns wie zu Hause!
HERR HELLER	—Was darf ich Ihnen anbieten, Frau Schultze? Einen Sherry vielleicht, oder einen Whisky?
FRAU SCHULTZE	—Gerne. Ein Sherry käme mir gerade recht.

· ·

The Hellers and their guest are sitting at table. A very pleasant evening is coming to an end.

FRAU HELLER	—Sagen Sie, Frau Schultze, sind Sie in Stuttgart zu Hause?
FRAU SCHULTZE	—Ich bin geborene Österreicherin. Meine Heimatstadt ist Linz. Ich bin mit einem Deutschen verheiratet, der in Stuttgart tätig ist: und, wie Sie schon wissen, bin ich auch in Stuttgart beschäftigt.
HERR HELLER	—Wie ich mich erinnere, Frau Schultze, haben Sie zwei Söhne.
FRAU SCHULTZE	—Ja. Der Ältere ist jetzt Oberprimaner und hofft, dieses Jahr sein Abitur abzulegen. Der Jüngere ist in der Tertia.
FRAU HELLER	—Noch eine Tasse Kaffee, Frau Schultze?
FRAU SCHULTZE	—Danke, danke. Es wird schon spät, und ich muß leider nach London zurück. Ich bedanke mich für die herzliche Aufnahme und freue mich schon auf ein baldiges Wiedersehen in Stuttgart.
FRAU HELLER	—Es war mir ein Vergnügen, Ihre Bekanntschaft zu machen. Auf Wiedersehen!

Note: *Oberprima* – Upper Sixth; this is the old-fashioned terminology, which counted the years of education in a grammar school ('*Gymnasium*') downwards from the top and gave them latinised names (cf. *Tertia* in the text), so that a pupil began in the '*Sexta*'. There are still such traditional grammar schools for a minority of pupils in most Bundesländern, but the majority of schools count their years upwards from the

commencement of compulsory schooling, so that secondary education comprises the
'*fünfte Klasse*' onwards.

A. Answer in German

1 Wie hat Frau Schultze das Haus der Hellers so leicht finden können?
2 War viel Verkehr auf den Straßen, als Frau Schultze aus London hinausfuhr?
3 Wovon hat Herr Heller mit Begeisterung erzählt?
4 Was trinkt Frau Schultze gerne?
5 Wo ist Frau Schultze geboren?
6 Was ist sie für eine Landsmännin?
7 Wo ist Herr Schultze angestellt?
8 Wieviele Söhne hat Frau Schultze?
9 Was macht der Ältere dieses Jahr?
10 Warum trinkt Frau Schultze keinen Kaffee?

B. Translate into German

1 Do come into my office; you are most welcome.
2 Did you have any problem finding our factory?
3 The maps which you sent me were very helpful.
4 I left the Frankfurt Fair early and avoided the traffic.
5 I was given a very warm reception in London.
6 I do not like whisky. I would prefer a glass of beer.
7 I was born in Manchester, but now I live in London.
8 I have two daughters. They are both students at Oxford.
9 Would you like another glass of beer?
10 It has been a great pleasure to meet you.

C. Explain in German:

1 Der von Ihnen geschickte Stadtplan.
2 Wie war es mit dem Verkehr?
3 Es hat alles gut geklappt.
4 Was darf ich Ihnen anbieten?
5 Ein Sherry käme mir gerade recht.

D. Complete with the correct form of the appropriate verb:

1 Die Firma Zehnpfennig (bestehen? entstehen? verstehen?) schon seit fünfzig
 Jahren.
2 Bei dem Erdbeben sind viele Menschen (bekommen? entkommen? umkommen?).
3 Er konnte sich nicht (beschließen? entschließen? erschließen?), ihr mitzuteilen, daß
 er in sie (verleben? verlieben? verloben?) sei.
4 Marie und Pierre Curie haben das Radium (bedecken? entdecken? verdecken?).
5 Er hat sich darüber nicht (aussprechen? besprechen? versprechen?); er wollte sich
 erst (bedenken? umdenken? verdenken?).
6 Letztes Jahr haben wir den Urlaub in Freiburg (erbringen? umbringen? verbringen?).

7 Du bist so reich, du brauchst dich nicht jeden Tag zur Arbeit (begeben? ergeben? vergeben?).
8 Ich habe keine Zeit zum Lesen gehabt, und habe die deutsche Sprache (erlernen? umlernen? verlernen?).
9 Verzeihung, ich muß jetzt gehen: ich muß mich noch fürs Theater (beziehen? entziehen? umziehen?).
10 Ich habe erst heute deinen Brief (behalten? enthalten? erhalten?).

E. Complete:

Dies– tausendjährig– Stadt mit ihr– historisch gewachsen– Schönheit ist weit weg vom Alltag. Traditionsbewußt und reich an kulturell– Erbe, aber aufgeschlossen für d– Komfort unser– Zeit. Sie liegt in idyllisch– Heidelandschaft; ist ausgestattet mit d– ganz– Angebotsbreite ein– modern– Stadt. Hier finden Sie jed– Kategorie von Unterkünft–. Für jed– Geldbeutel. Für all– Ansprüche. Unser– Gasthäuser bieten noch d– Gastlichkeit wie man sie in gut– alt– Zeit kannte.

F. Translate the above advertisement into English.

G. Rôle-playing

You are entertaining a German to dinner in your home. Play yourself.

YOU	—*(There he is at last. Invite him in. He is very welcome. You were afraid he had got lost in this strange town.)*
GUEST	—Nein, der von Ihnen geschickte Stadtplan war mir eine große Hilfe.
YOU	—*(You ask for his coat. Ask him if there were many people on the train.)*
GUEST	—Nein. Ich bin frühzeitig von der Messe weggefahren. Es hat alles gut geklappt.
YOU	—*(Ask him to come through to the lounge. You would like to introduce him to your mother and father.)*
GUEST	—Sehr erfreut.
YOU	—*(What can you offer him to drink? You have whisky, sherry, or, if he prefers it, a bottle of beer.)*
GUEST	—Englisches Bier mag ich sehr.
YOU	—*(Are you right in thinking he was born in Frankfurt?)*
GUEST	—Nein, ich bin geborener Stuttgarter. Ich bin in Frankfurt angestellt.
YOU	—*(Of course, you remember now. Suggest that you all go through to the dining room. Perhaps he would like to take his drink with him.)*

H. Guided conversation

With the help of the following information record or write a summary of the dialogue, using indirect speech throughout:

Frau Schultze ist frühzeitig angekommen. (Wie hat sie das Haus der Hellers so leicht gefunden? Wie war es mit dem Verkehr?) Herr Heller macht Frau Schultze mit seiner

Frau bekannt. (Was sagt Frau Heller? Wovon hat Herr Heller mit Begeisterung erzählt?) Herr Heller bietet Frau Schultze etwas zu trinken an. (Was trinkt Frau Schultze gern? Was hätte sie sonst trinken können?) Frau Schultze wohnt in Stuttgart. (Was ist sie für eine Landsmännin? Wo ist sie geboren? Wo ist sie jetzt tätig? Woher stammt ihr Mann? Wo ist er angestellt?) Herr Heller fragt nach der Familie Schultze. (Wieviele Kinder hat Frau Schultze? Was machen sie?) Frau Schultze will nichts mehr trinken. (Warum nicht? Wohin muß sie jetzt fahren?)

Grammar   ADJECTIVAL PHRASES

In German a long adjectival phrase may be used between an article and a noun, where English would require a whole clause. The phrase will end with a present or (more commonly) past participle declined adjectivally, which may be qualified by other adjectival or adverbial expressions:

Der von Ihnen geschickte Stadtplan   Die von Ihnen verlangten Hängewaagen
Diese sehr ernst gewordene Situation   Der zuviel bezahlte Betrag
Das uns nahestehende Werk William Johnson & Sons
Die Anzahl der in Großbritannien aufgestellten Roboter
Wir werden hier überall von riesigen mir unbekannten Gesichtern angelächelt

This construction, though relatively uncommon in everyday conversation, is of the utmost importance in the commercial use of German. Further examples may be found in Chapter 10.

Useful expressions

klappen	to work out well, go smoothly; *es hat gut geklappt* – it went without a hitch; *bis jetzt klappt alles* – so far everything is just fine
einem etwas anbieten	to offer someone something
eine freundliche Aufnahme bereiten	to give a warm welcome

Schon sehr bald nach dem Zusammenbruch des Dritten Reiches zeigte sich, daß die Zusammenarbeit der Alliierten nur aus der Not geboren war. Die ursprüngliche Absicht der Alliierten, Deutschland als wirtschaftliche Einheit zu betrachten, war von vornherein zum Scheitern verurteilt. Das Ergebnis dieses Scheiterns waren zwei getrennte deutsche Staaten.

Seit Jahrhunderten sind sich die Deutschen ihrer Identität genau bewußt, doch politische Einheit haben sie nicht erreicht.

Die beiden deutschen Regierungen haben Kompromißlosigkeit und eine sehr tief sitzende Unnachgiebigkeit in empfindlichen Fragen offenbart. Die Wiedervereinigungsfrage ist für absehbare Zeit praktisch vertagt worden. Möglicherweise haben beide Regierungen eingesehen, daß sich die zwei deutschen Staaten so weit auseinanderentwickelt haben, daß zunächst vorbereitende Schritte unternommen werden müssen, ehe eine so empfindliche Frage überhaupt diskutiert werden kann. Dennoch weiß jeder: je länger diese Kluft besteht, desto länger wird es dauern, bis die Wiedervereinigung Wirklichkeit ist.

Die Berlin-Frage wird sowohl das politische Klima zwischen den beiden deutschen Staaten beeinflussen, als auch irgendwelche Maßnahmen zur Versöhnung, wenn nicht zur Wiedervereinigung. Eine Fortdauer der jetzigen Lage betont die sozialen und wirtschaftlichen Probleme eines isolierten West-Berlins. Diese Probleme führen dazu, Berlins Abhängigkeit von Subventionen und Hilfen aus der Bundesrepublik zu vergrößern. Wenn sich die Beziehungen zwischen den beiden Staaten verbessern sollen, dann müssen die Unterhändler die Isolation West-Berlins besprechen. Auch wenn Deutschland wiedervereinigt wäre, wäre Berlin geographisch ungünstig gelegen, um die Rolle der Hauptstadt erfüllen zu können; was auch immer das historische Für und Wider sein mag.

Es sieht so aus, als ob die Trennung Deutschlands in zwei Staaten in absehbarer Zukunft fortdauern wird, wobei aber die Wiedervereinigung das wichtigste Bestreben bleibt. Ein solcher Dialog würde wahrscheinlich zu bescheidenen Fortschritten, zum Beispiel im Handel, und zu einem Sonderverhältnis zwischen den zwei Staaten führen.

Jegliche Fortschritte in diese Richtung hängen jedoch von einer allgemeinen Entspannung in Europa ab; ferner haben die Vermögens- und Größenunterschiede zwischen den zwei Staaten in allen Gesprächen die DDR in eine schwächere Position gebracht. Zweifellos wirken diese Unterschiede an dem Minderwertigkeitskomplex mit, den die DDR in so vielen Verhandlungen gezeigt hat. Es liegt auf der Hand, daß die Gesundheit, der Reichtum und die Sicherheit Europas sich um die Fortschritte in der deutschen Frage drehen.

Note: Relations between East and West Germany have hitherto been characterised by a good deal of mutual animosity, recrimination and downright slander. It is important for the western student to realise that he constantly gets through the media only a biased and inaccurate version of the situation, and that there are faults and shortcomings on both sides as well as admirable features in both societies.

A. Answer in German

1 Wie wollten die Alliierten ursprünglich Deutschland betrachten?
2 Was war das tatsächliche Ergebnis?
3 Was haben die beiden deutschen Regierungen gezeigt?
4 Ist die Wiedervereinigungsfrage realistisch diskutiert worden?
5 Was für Probleme hat West-Berlin?
6 Wie haben sich die zwei deutschen Staaten entwickelt?
7 Wohin führen diese Probleme?
8 Wird die Trennung Deutschlands anscheinend noch lange fortdauern?
9 Wovon hängen Fortschritte im Verhältnis zwischen den zwei Staaten ab?
10 Welche Unterschiede zwischen den zwei Staaten benachteiligen die DDR?

B. Translate into German

1 The co-operation was only born of necessity.
2 The original purpose was doomed to failure from the start.
3 They revealed uncompromising intransigence.
4 We shall consider Germany as two separate states.
5 The two German governments must discuss this very sensitive question.
6 The longer this gulf persists, the longer we must wait.
7 Berlin's dependence on aid and subsidies from the Bundesrepublik.
8 The historical pros and cons.
9 It will continue for the foreseeable future.
10 Progress depends upon a general détente.
11 There are differences in wealth and size between the two states.
12 The GDR displays an inferiority complex in many negotiations.

C. Explain in German

1 Eine wirtschaftliche Einheit.
2 Wiedervereinigungsfrage.
3 Vermögens- und Größenunterschiede.
4 Ein Minderwertigkeitskomplex.
5 Es liegt auf der Hand.

D. Insert the appropriate preposition:

1 – ungünstigen Wetters hat Frau Schultze keinen Mantel getragen.
2 – der monatlichen Zusammenkunft der Verkaufsabteilung ist Herr Heller einge-
schlafen.
3 Frau Schultze, wollen Sie morgen – uns – Mittag essen?
4 Herr Heller konnte die Fabrik nicht finden und mußte – dem Weg fragen.
5 Sie sollen sich seine Worte nicht – Herzen nehmen; er spricht nur so.
6 Herr Heller hat Fräulein Adams entlassen; in ihrer Arbeit waren Fehler – Fehler.
7 'Zum Roten Löwen'? Ja, fahren Sie diese Straße –, biegen Sie – der Kirche links
ab, – der Post –, dann immer geradeaus.
8 Ich habe ihm geschrieben, bin aber – meinen Brief noch – Antwort.

9 Vorsicht, lieber Freund! – das zuviele Rauchen wirst du noch krank werden.
10 Macht nichts. Whisky ist ein ganz gutes Mittel – Husten.

E. Complete:

1 Wir haben jetzt – Wichtigste gesehen.
2 Ob und Wie können wir später besprechen.
3 Du solltest nicht ein so grell– Weiß dies– zarten Blau gegenüberstellen.
4 – harte 'Sie' hatte ihn verletzt.
5 – Unerwartete ist eben geschehen.
6 – Wandern ist des Müllers Lust.

F. Rewrite, replacing the words underlined by an adjectival phrase:

Example: Der Stadtplan, den ich überreichte, war ihr eine große Hilfe.
               Der von mir überreichte Stadtplan war ihr eine große Hilfe.

1 Der Zug, der um zwei Stunden verspätet war, fuhr endlich ein.
2 Mein Sohn, der sehr groß geworden ist, wollte seine Tante nicht umarmen.
3 Die Prospekte, die von Ihnen verlangt wurden, legen wir bei.
4 Die Modelle, die in England lieferbar sind, sind veraltet.
5 Die Dame, die durch ihre wunden Füße behindert war, kam endlich an.
6 Die Firma Braun, die uns immer hilfreich ist, können wir empfehlen.
7 Die Muster, die er geschickt hat, finden wir höchst interessant.
8 Ich kann leider die Erzeugnisse, die Sie anbieten, nicht gebrauchen.
9 Wir fuhren durch eine Landschaft, die von hohen Bergen umrahmt war.
10 Wir gingen durch ein Dorf, das im Abendlicht finster aussah.

G. Explain in German the difference between the following pairs of expressions:

1 betragen	beitragen
2 Zugangsziffer	Ortsnetzkennzahl
3 wunderbar	wunderlich
4 Bescheid	Auskunft
5 Aufsicht haben	beaufsichtigen
6 bewölkt	heiter
7 eine Nummer wählen	eine Regierung wählen
8 Besuch	Besichtigung

H. Quite naturally, Germans will be impressed if you can speak with some knowledge about their domestic and political scene. A good Beginning would be to know the names of the principal politicians.

Find out who the following are:
The President
The Chancellor
The Foreign Minister
The Finance Minister
The Minister of Education

I. Translate into German:

Dear Erika,
I have had the most exciting time. As I told you, I couldn't drive north until I had visited business friends in London. I had no trouble finding their house, thanks to the map of London which you so kindly lent me.

The following Tuesday I went up to Cambridge for a few days. If you get a chance you must pay a visit to this famous university town. There is so much worth seeing, and in East Anglia there is practically no rainfall worth worrying about.

Driving on northwards, I spent some time in York, which was most impressive. To appreciate York fully, you really have to spend at least a week there.

Finally I went to Edinburgh and did the sights of this famous city. I also managed to see something of the beautiful Scottish countryside.

Throughout my holiday the weather was good. Travelling by road in England is quite fast on the motorways, but not, of course, as fast as in Germany. Unfortunately, when one leaves the motorway, one finds the English roads narrow and congested. Progress was slow.

Do come to see us as soon as you can. I have so many holiday snaps and souvenirs that I want to show you.

All my love,

Renate

Grammar   OTHER PARTS OF SPEECH USED AS NOUNS

Other parts of speech are sometimes used as nouns, in which case they are nearly always neuter. The commonest instances are infinitives (*das Schreiben, das Sprechen*) and past participles (*das Geschriebene, das Gesprochene*), but adjectives, prepositions, pronouns, adverbs and conjunctions also occur in this way:

Die Wiedervereinigung bleibt das wichtigste Bestreben.
Die Absicht der Alliierten war zum Scheitern verurteilt.
Was auch immer das historische Für und Wider sein mag.
Das ewige Hin und Her finde ich sehr ermüdend.
Er hat mir das Du angeboten.
Ein endgültiges Nein ist das noch nicht.
Das Gute und das Böse lassen sich nicht immer so leicht unterscheiden.
Wir müssen das Pro und Kontra diskutieren.

Useful expressions

der Zusammenbruch   collapse, virtually synonymous with *der Zusammensturz*, though the latter had originally more violent connotations, likewise the verbs *zusammenbrechen, zusammenstürzen*. Note also *die Zusammenarbeit*, co-operation.

jetzig	present, current (from *jetzt*), cf. *heutig* (today's, present-day) and *gestrig* (yesterday's, former). Note also *dortig* (from *dort*) and *obig* – the above, a neat way of translating 'the above-mentioned', e.g. *Ihr obiges Schreiben.*
es liegt auf der Hand	it is obvious, it is plain
die Wiedervereinigungsfrage	the question of reunification
ein Minderwertigkeitskomplex	an inferiority complex
Vermögens- und Größenunterschiede	differences of wealth and size

Background Section

These texts, taken and in some cases adapted from published sources, are on topics related to the subject-matter of the foregoing chapters. They contain a few words which are not given in the vocabulary at the end of the book, since at this stage we feel that the student should be encouraged to use a dictionary. They are suitable for use either in class or as homework for comprehension, summarising and discussion.

1. Die Radio DDR-Messewelle

Im Frühjahr 1971 erhielt die Leipziger Messe ein Novum in ihrem Service-Programm: Die Radio DDR-Messewelle. Damit war und ist Leipzig die einzige Handelsveranstaltung der Welt, die ein eigenes Rundfunkprogramm hat. Das Kundendienstprogramm entwickelte sich seitdem zu einem munteren und hilfreichen Begleiter für viele Messegäste und -gastgeber. Täglich von 7 bis 19 Uhr wird es über 2 Frequenzen und in 6 Sprachen ausgestrahlt.

Aktuell – informativ – unterhaltsam soll das Programm sein – das wählten sich Redakteure, Moderatoren und Techniker vom ersten Tag an zu ihrem Motto. Aktuell sein, das heißt für sie, zu jeder Stunde live vom Messegeschehen zu berichten, einen direkten Telefondraht vom Pressezentrum ins Funkhaus zu haben und damit Nachrichten in Sekundenschnelle in das Sendestudio zu bringen; das heißt eine ständige Verbindung zur Verkehrsleitzentrale aufrechtzuerhalten, um Messebesucher per Auto schnell und sicher zum Ort des Geschehens zu 'lotsen'. Informativ sein, das heißt möglichst jede Frage zum Thema Messe beantworten zu können, angefangen beim Messegeschäft bis hin zum Messewetter.

Die neuesten Ereignisse in aller Kürze erfahren Hörer täglich dreimal in den Messenachrichten; Persönlichkeiten des internationalen Handels, Aussteller und Experten äußern sich im Messereport über Aktivitäten, Möglichkeiten und Vorteile der Leipziger Messe und drücken so auf persönliche Art ihre Anerkennung aus.

3 × täglich Service-time bei der Messewelle, das bedeutet Zeit für alle praktischen Messefragen von A wie Auskunft bis Z wie Zimmernachweis.

Unterhaltsam zu sein, das heißt den Messealltag nicht nur in Zahlen und Berichten zu dokumentieren. Das M der Musik gehört zur Messewelle wie im Messesymbol ein M zum anderen. Und amüsant wird das Programm spätestens dann, wenn sach- und sächsischkundige Kabarettisten dem Hörer Messe- und messestädtische 'Amessements' bereiten.

Pegeln Sie sich zur Herbstmesse doch mal ein auf MW 729 Khz oder UKW 98, 5 Mhz, die 26. Messewelle begleitet Sie vom ersten bis zum letzten Messetag – aktuell – informativ – unterhaltsam!

(aus *Leipziger Messejournal*)

A. Fragen zum Text:

1 Wie heißt das Rundfunkprogramm der Leipziger Messe?
2 Welches Motto haben sich die Redakteure gewählt?
3 Was soll man hier unter 'informativ' verstehen?
4 Wie oft erfahren die Hörer Nachrichten?
5 Wer äußert sich im Messereport, und worüber?
6 Was für praktische Messefragen werden im Service-time behandelt?
7 Welche Bedeutung hat der Buchstabe M in diesem Zusammenhang?
8 Von wem werden die Hörer amüsiert?

B. Fragen zur Diskussion:

1 Welche Vorteile und Nachteile hat es, allen Messebesuchern ein spezielles Rundfunkprogramm anzubieten?
2 Versuchen Sie, einige Bemerkungen über den Stil dieses Lesestücks zu machen.

C. Re-read the texts of the first three chapters and note any additional information about trade fairs contained in this piece.

2. Machen Sie mal Urlaub vom Festland: In Britain

Vorwärts, es geht zurück in unsere Geschichte. "Heritage '84" heißt es heuer: mit Festivals, Konzerten, Ausstellungen und viel Theater im ganzen Land. Da sollten Sie nicht abseits auf dem Festland stehen.

In London, beispielsweise, bewältigen Sie unsere sehenswerte Vergangenheit am besten per Doppeldecker und Underground (London Explorer Pass besorgen!). Apropos Paß: Mit dem BritRail Pass können Sie preiswert Britain's Schienennetz rauf- und runterfahren. Und das sehr schnell, im InterCity. Gehen Sie von London aus auf Erkundungstour: mit dem Triple Ticket – drei preisgünstigen Tagesrückfahrkarten.

Sie bevorzugen die eigenen vier Räder? Bitte schön: "Go as you please" – so heißt das "Touring by Car"-Programm, bei dem Sie über 200 Trusthouse Forte-Hotels – von urig bis nobel – ansteuern können.

Wäre nur noch zu klären, wie Sie rüberkommen: Täglich nimmt eine Fahrschiff-Armada Kurs auf unsere Insel.

Townsend Thoresen ist mit 75 Minuten von Calais nach Dover die schnellste Auto-fähren-Route. Weitere Verbindungen: von Zeebrugge nach Dover oder Felixstowe.

North Sea Ferries bietet tägliche Abfahrten von Rotterdam (Europoort) und Zeebrugge nach Hull. Verpflegung an Bord ist im Fahrpreis enthalten.

An Bord der Schiffe von DFDS beginnt Britain-Urlaub mit Kreuzfahrt-Atmosphäre. England-Reisende fahren mit DFDS Prinzenlinien von Hamburg nach Harwich, Schottland-Reisende wählen die Route Von Esbjerg/Dänemark nach Newcastle.

First Class zum Economy-Preis reisen Sie mit den neuen Jumbo-Fähren "Olau Britannia" und "Olau Hollandia": täglich von Vlissingen in Holland nach Sheerness, 80 km vor London.

P & O Ferries steuern alle 120 Minuten von Boulogne aus die weltberühmten Kreidefelsen von Dover an.

(Adac Motorwelt)

A. *Fragen zum Text:*

1 Was gibt es bei "Heritage '84" außer Festivals?
2 Wie besichtigt man London am besten?
3 Was für Unterkunft steht dem Fahrgast des "Touring by Car"-Programms zur
   Verfügung?
4 Welche Autofähren-Route ist am schnellsten, und wie lange dauert die Fahrt?
5 Welchen besonderen Vorzug bietet North Sea Ferries?
6 Wie kommt man am besten nach Schottland?
7 Welche Vorteile haben die neuen Jumbo-Fähren?
8 Wie oft fahren die P & O Ferries?

B. *Fragen zur Diskussion:*

1 Welche Spuren von Humor finden Sie in diesem Text?
2 Woran spürt der Leser, daß es sich hier um Reklame handelt?

C. Comparing this text with those of Chapters 16 and 17, what difference of emphasis do you detect?

3. Perfekt in Sprachen – und was fang' ich damit an?

Per Kleinanzeige suchte das Indische Generalkonsulat in Hamburg einen Übersetzer
oder eine Übersetzerin für Englisch. 180 Stellungssuchende bewarben sich um den
Posten. Diese Zahl macht zwei Dinge deutlich: Erstens, wie viele Menschen mit
Sprachkenntnissen ihr Geld verdienen wollen. Und zweitens, wie schelecht die
Aussichten sind, eine entsprechende Stellung zu finden.

Sabine Rohde, 26 Jahre alt, bekam den Job in Hamburg. Nicht weil sie perfekt in
Englisch ist – das galt als Selbstverständlichkeit –, sondern weil sie eine grundsolide
Ausbildung hat. Sabine ist Diplomübersetzerin. Sie hat an der Universität Heidelberg
neun Semester Englisch, Spanisch und Volkswirtschaft studiert und ihr Studium mit
einer Diplomarbeit abgeschlossen.

Im Indischen Generalkonsulat beginnt Sabines Arbeitstag um neun Uhr mit
Zeitunglesen. Wichtige Artikel übersetzt sie gleich für den Generalkonsul. Vom
Deutschen ins Englische. Aber auch weniger interessante Texte müssen übersetzt
werden. Die Telefonrechnung zum Beispiel oder die Heizkostenabrechnung. Mehr
Spaß macht es Sabine schon, wenn eine Delegation aus Indien in Hamburg ist. Die
begleitet sie dann überallhin, übersetzt und beantwortet alle Fragen.

1600 Mark netto verdient Sabine im Monat. Nicht viel, wenn man bedenkt, daß sie
für ihren Beruf fast fünf Jahre lang studiert hat. Damit ihre Spanisch-Kenntnisse nicht
mit der Zeit einrosten, gibt sie nach Feierabend Privatunterricht in dieser Sprache.

Etwas besser verdient Silvia Moser, mit Leistungszulagen rund 2600 Mark brutto.
Silvia ist 22 Jahre alt und Textverarbeitungssekretärin bei einem großen Industrie-
Unternehmen. Sie speichert bereits übersetzte Texte in Schreibautomaten ein. Dazu
braucht sie ausgezeichnete Sprachkenntnisse, weil sie die Texte vom übersetzer oft
handschriftlich (und oft schwer leserlich) bekommt oder aber gesprochen per Band
und Kopfhörer. Sie braucht außerdem technisches Geschick, um die verschiedenen
Schreibautomaten bedienen zu können. Sie hat Schulungskurse besucht, um das zu
lernen. Nach der mittleren Reife (Steno und Schreibmaschine gehörten zu den

Unterrichtsfächern) arbeitete Silvia als Sekretärin, hörte aber nicht auf, ihre Schulkenntnisse in Englisch zu vervollkommnen. Jetzt, als Textverarbeitungssekretärin, fühlt sie sich erst "richtig gefordert".

Sigi Ziegler, 39 Jahre alt, nimmt an vielen internationalen Konferenzen teil. Aber im Rampenlicht steht auch sie nicht. Sigi arbeitet seit zwölf Jahren als Konferenz-Dolmetscherin. Sie übersetzt simultan (noch während der Redner spricht) oder konsekutiv (in Gesprächspausen kurz danach). Beim Simultan-Dolmetschen muß Sigi zuhören, verstehen, übersetzen, formulieren, sprechen – alles gleichzeitig. Das erfordert Talent und ein hohes Maß an Konzentration.

Bei internationalen Tagungen sitzt sie mit einer Kollegin in einer meist schlecht belüfteten, schlecht beleuchteten Kabine vor ihrer Schaltanlage mit Mikrofon und Kopfhörern. Länger als eine halbe Stunde kann sie nicht hintereinander dolmetschen. Dann löst die Kollegin sie ab. Sigi hat nur etwa 80 Tage im Jahr Arbeit. Denn internationale Kongresse sind seltener geworden. Pro Tag bekommt sie dann allerdings etwa 660 Mark brutto.

Beim Konsekutiv-Dolmetschen kann Sigi sich Notizen in einer besonderen Symbolschrift für Dolmetscher machen. Sie hat diese Schrift (nach dem Abitur) auf dem Auslands- und Dolmetscher-Institut der Universität Mainz in Germersheim gelernt. Vier Jahre lang hat sie dort studiert, nicht nur Englisch und Französisch, sondern auch Jura, Wirtschaftsgeographie und Geschichte.

Sprachkenntnisse allein genügen nicht für einen Beruf. Bei Silvia ist es die Technik, die sie außerdem beherrscht. Bei Sabine das Studium der Volkswirtschaft, das es ihr möglich macht, schwierige Zeitungsartikel zu verstehen und richtig zu übersetzen. Und Sigi weiß alles über Medizin, Land- und Forstwirtschaft. Und das wiederum wissen die Veranstalter internationaler Kongresse und buchen Sigi als Dolmetscherin für diese Themen besonders gern.

(Freundin)

A. Fragen zum Text:

1 Was darf man von der großen Anzahl der Bewerber um einen Posten als Übersetzer annehmen?
2 Was für ein Studium hat Sabine gemacht – wo, wie lange, welche Fächer?
3 Was tut sie, um ihre Spanischkenntnisse zu behalten?
4 Was macht eine Textverarbeitungssekretärin? Bitte mit anderen Worten als den im Text gebrauchten antworten.
5 Was muß ein Simultan-Dolmetscher machen können?
6 Warum hat Sigi Ziegler nur etwa 80 Tage im Jahr Arbeit?
7 Was wird auf dem Dolmetscher-Institut studiert?
8 Was braucht man außer Sprachkenntnissen, um Karriere zu machen?

B. Fragen zur Diskussion:

1 Sind die drei im Text beschriebenen Jobs alle gleichermaßen interessant? Welchen würden Sie wählen?
2 Welchen Rat würden Sie einem Freund (bzw. Freundin) geben, wenn diese(r) Fremdsprachen im Beruf unbedingt gebrauchen will?

C. Using the information in this text and in that of Chapter 14, compose a letter of application for a post requiring a knowledge of languages.

4. Handel zwischen Großbritannien und der DDR

Die DDR mißt wie Großbritannien dem Handelsaustausch und der wirtschaftlichen, industriellen und wissenschaftlich-technischen Zusammenarbeit aus ökonomischen und, was die DDR anbelangt, auch aus politischem Interesse an der Materialisierung der internationalen Entspannung große Bedeutung bei. 1973 wurde das erste Regierungsabkommen geschlossen, ein Zehnjahresabkommen über wirtschaftliche, industrielle und wissenschaftlich- technische Zusammenarbeit, das seitdem die hauptsächliche vertragliche Grundlage der Wirtschaftsbeziehungen ist. Es sieht die Entwicklung der Kooperation besonders in der chemischen Industrie, im Maschinenbau, in der Bauindustrie, beim wissenschaftlichen Gerätebau, in der Schweißtechnik, bei der Automatisierung, in der Bürotechnik, der Elektroindustrie, der metallurgischen Industrie sowie im Bereich der Betriebsorganisation vor. Zur Realisierung dieses umfangreichen Abkommens wurde eine gemischte Regierungskommission gebildet, die auf ihren jährlichen Tagungen die Möglichkeiten einer erweiterten Zusammenarbeit prüft und entsprechende Empfehlungen verabschiedet.

| | | Außenhandelsumsatz | | | |
| | | (in Mill. Valutamark – effektive Preise) | | | |
1971	1972	1973	1974	1975	1976
625,2	746,8	714,8	1604,0	1055,2	2612,2
	1977	1978	1979	1980	
	1295,3	1401,7	2108,1	1757,3	

Der Handelsaustausch entwickelte sich trotz der negativen Einflüsse, die von den Preis- und Konjunkturveränderungen auf den kapitalistischen Märkten ausgehen, im allgemeinen positiv, aber auch nicht schwankungsfrei. Bei der Anbahnung einer industriellen und wissenschaftlich-technischen Zusammenarbeit auf der Grundlage des Abkommens von 1973 wurden erste Ergebnisse erreicht. Insgesamt gesehen sind jedoch die Möglichkeiten der wirtschaftlichen Beziehungen noch nicht voll ausgeschöpft. Die Beseitigung noch bestehender britischer Handelshemmnisse würde sich günstig auswirken.

Bei der vertraglichen Ausgestaltung der beiderseitigen Beziehungen gibt es eine bemerkenswerte Verbesserung. Neben dem bereits erwähnten Abkommen von 1973 über wirtschaftliche Zusammenarbeit ist hier vor allem der Konsularvertrag zu nennen, den Großbritannien im Mai 1976 als erster NATO-Staat mit der DDR unterzeichnete. 1974 war bereits ein Abkommen über den internationalen Straßenverkehr abgeschlossen worden. 1977 folgten ein Gesundheitsabkommen, im Juni 1979 und im Mai 1981 wurden als Beitrag zur Verwirklichung der Schlußakte von Helsinki für jeweils zwei Jahre geltende Regierungsvereinbarungen über Zusammenarbeit auf den Gebieten der Kultur, Bildung und Wissenschaft sowie 1980 ein

Rechtshilfeabkommen unterzeichnet. 1979 vereinbarte die Akademie der Wissen-
schaften der DDR mit der britischen Royal Society und 1980 mit der British Academy
eine wissenschaftliche Zusammenarbeit.

(Aus *Außenpolitik der DDR*, Berlin 1982 s. 246/247)

A. Fragen zum Text:

1 Warum mißt die DDR dem Handelsaustausch große Bedeutung bei?
2 Was ist die hauptsächliche vertragliche Grundlage der Wirtschaftsbeziehungen
   zwischen den beiden Ländern?
3 In welchen Gebieten wird eine weitere Entwicklung vorgesehen?
4 Wie könnte man die Entwicklung des Außenhandelsumsatzes 1971–1980 bezeich-
   nen?
5 Dürfte man zuversichtlich weiteren Entwicklungsmöglichkeiten entgegensehen?
6 Wird die Lage im allgemeinen besser oder schlimmer?
7 Was vereinbarte Großbritannien als erster NATO-Staat mit der DDR, und in
   welchem Jahr?
8 Was wurde 1979 und 1980 vereinbart?

B. Fragen zur Diskussion:

1 Welche DDR-Produkte haben Sie in Großbritannien gesehen?
2 Werden in diesem Text die Handelsmöglichkeiten zwischen den beiden Ländern
   positiv oder negativ gesehen?

C. What modification if any does a consideration of this text bring to the impression given in Chapter 13?

5. Roboter

Den Namen gab ihnen der Tscheche Karel Čapek. "Robota" heißt in seiner
Muttersprache die Arbeit der Leibeigenen. "Roboter" taufte deshalb der Schriftsteller
jene menschenähnlichen Kunstwesen, die in seinem 1921 veröffentlichten Bühnen-
stück "R.U.R." von dem amerikanischen Unternehmen "Rossums Universal Robots" als billige Arbeitssklaven produziert werden. Zuerst nehmen die Roboter in
Čapeks "utopistischem Kollektivdrama" den Menschen die Plackerei in den Fabriken
ab, dann führen sie deren Kriege – bis sie selbst gegen ihre Schöpfer revoltieren. "Ihr
seid nicht so stark wie wir Roboter. Ihr seid nicht so tüchtig wie wir Roboter. Ich will
der Meister sein", ruft der Anführer der Rebellen. Dann vernichten sie die Menschen.

Heute, da die Roboter die Fließbänder zu erobern und den Menschen die Arbeit
wegzunehmen beginnen, weckt das Wort stärker denn je die von Čapek beschworenen
Ängste. Denn ihr Vormarsch scheint unaufhaltsam.

"Ein Land", so James Albus, Leiter des staatlichen Roboter-Forschungsinstituts
der USA, "das vor anderen in der Lage ist, seine Fabriken sieben Tage in der Woche
rund um die Uhr laufen zu lassen und dazu nur wenige Arbeitskräfte braucht, besäße
nicht nur wirtschaftlich, sondern auch militärisch einen gewaltigen Vorteil. Waffen

ließen sich dann in praktisch unbegrenzten Mengen zu extrem niedrigen Kosten herstellen." Aber auch wenn die Fabriken nicht zu militärischen Zwecken genutzt würden, könnte ein solches Land dank seiner leistungsfähigen Produktionsanlagen die Welt schon allein wirtschaftlich beherrschen.

Die Japaner setzten als erste im großen Stil Roboter ein – vor allem in der Automobilindustrie. Ende der siebziger Jahre stand fast jede zweite der neuen Maschinen in Japan. Sie halfen mit, den Inselstaat zum größten Autohersteller der Welt zu machen.

Seither hat die geschockte Konkurrenz in Europa und den USA Milliarden in die Modernisierung ihrer Produktionsanlagen gesteckt, um mit den Japanern gleichzuziehen – oder sie sogar zu überrunden. Die Schweizer setzten als erste Roboter bei der Uhrenherstellung ein. Sie hoffen, so verlorene Marktanteile wieder zurückzugewinnen. Und in Deutschland rühmen sich seit kurzem die Manager des VW-Konzerns, im Wolfsburger Stammwerk das Fortschrittlichste an Fertigungstechnik zu haben, was es derzeit gibt.

Beim neuen "Golf" schweißen und lackieren Roboter nicht nur die Karosserie, auch am Montageband packen sie kräftig mit an: Sie bauen die Bremsleitungen und die Auspuffanlage ein. Sie legen den Keilriemen auf und befestigen den Benzintank. Sie setzten den Kühlergrill ein und schrauben die Räder an die Achsen.

(*Stern*)

A. *Fragen zum Text:*

1 Wann wurde der Name "Roboter" erfunden, und von wem?
2 Was geschieht am Ende des Bühnenstücks "R.U.R."?
3 Was machen die Roboter heute?
4 Welchen Vorteil würde ein Land besitzen, das seine Fabriken ständig laufen lassen könnte?
5 Wie könnte man diesen Vorteil militärisch ausnützen?
6 Welches Land war das erste, Roboter in großen Mengen einzusetzen?
7 Zu welchem Zweck haben die Schweizer Roboter eingesetzt?
8 Welche deutsche Autofabrik hat das meiste mit Robotern geschafft?

B. *Fragen zur Diskussion:*

1 Welche Gefahr läuft man, wenn man viele Roboter einsetzt?
2 Können Sie in Ihrer eigenen Umgebung irgendwelche Folgen der Automation sehen?

C. *In what details, if any, does this passage add to the information given in Chapter 15?*

6. Wenn der Traum zum Alptraum wird

Manfred Rothbauer ist stocksauer. "Nachts hab' ich ständig vom Computer geträumt. Er redete wie ein Mensch auf mich ein – es war fürchterlich." Auf der Modewoche in

München hatten Computer-Verkäufer dem Inhaber eines Textilgeschäfts in Mühldorf am Inn gesagt: "Ein Lehrling, der Schreibmaschine schreiben kann und weiß, wie man eine Rechenmaschine bedient, kann auch problemlos mit einem Computer umgehen."

Rothbauer nahm den Spruch ernst. Um seine Finanzbuchhaltung künftig ohne Steuerberater führen zu können, schloß er als erster Geschäftsmann im Inntal einen Computer-Leasingvertrag ab – für 475 Mark im Monat. Wenige Tage später karrte der örtliche Büromaschinenhändler drei große Kisten in sein Fachgeschäft für Bettwaren, Gardinen und Unterwäsche und stellte den 12 000 Mark teuren "Personal-Computer" im Kontor über dem Laden auf. Rothbauer wußte nicht einmal, wie man den Wunderkasten in Gang setzt. Also fuhr er am nächsten Tag 200 Kilometer weit zu einem Computer-Kurs. Es wurde ein Horrortrip. "Ich saß da wie der Ochs vorm Berg. Die Frau, die uns unterwiesen hat, konnte alles im Schlaf. Ich war richtig narrisch. Wie kann einer ganz locker sagen, ist alles ganz einfach, und hinterher weißt du nicht, was all die Zeichen auf dem Bildschirm, die Tasten, Lämpchen und Regeln bedeuten."

Am nächsten Tag versuchte er dennoch sein Glück mit der Buchhaltung. Nur, der Computer wollte nicht und gab schließlich seinen elektronischen Geist auf. Er mußte ausgetauscht werden. Erneut bemühte sich Rothbauer – wie er im Kurs gelernt hatte –, zuerst sicherheitshalber die auf der magnetischen Plastikscheibe (Diskette) mitgelieferten Original-Programme auf eine leere Diskette zu überspielen. Denn löscht man sie versehentlich, sind sie auf Nimmerwiedersehen verschwunden. Doch auch mit dem Kopieren kam er nicht zurecht.

"Wenn man bei der Eingabe nur einen Punkt vergißt, läuft nix. Da is er stur, der Computer", sagt Rothbauer. Nach längerem Probieren fing der "Persönliche" an, wirres Zeug zu schreiben. Plötzlich stand auf dem Bildschirm: "Prrrtxqö.) max." Rothbauer mußte wieder einen Fachmann zu Hilfe rufen. "Der hat sich das angeschaut, dran rumgefingert und zum Schluß aus Versehen alles gelöscht."

Erst nach zwei Monaten zeichnete sich für den Textilkaufmann ein Ende des Computer-Schlamassels ab. Inzwischen kommt der 43jährige mit der "tückischen Maschine" besser zurecht. Doch er bleibt skeptisch und läßt zunächst noch die Buchhaltung parallel beim Steuerberater weiterlaufen.

Manfred Rothbauers Erfahrungen sind durchaus typisch. Seit die rasant billiger werdenden Mikrocomputer als Volks-Denkmaschinen in Läden, Büros und Wohnungen einziehen, vermehrt sich auch die Gemeinde der Mikro-Geschädigten. Anfängliche Enthusiasten fühlen sich durch falsche Versprechungen verschaukelt und allzu oft mit nicht funktionierenden Geräten (Hardware), fehlenden oder ungeeigneten Programmen (Software) und ihren Problemen allein gelassen. Das britische "Observer"-Magazin hat "Computer-Verfolgungswahn als eine seit neuestem grassierende Seuche" ausgemacht, die Geschäftsleute "schneller altern läßt".

(Stern)

A. Fragen zum Text:

1 Wer ist Manfred Rothbauer?
2 Wieviel kostet es, den Computer zu mieten, und was wäre der Kaufpreis?
3 Wie weit mußte Manfred zum Computer-Kurs fahren?
4 Warum mußte der Computer ausgetauscht werden?
5 Warum ist es ratsam, die Original-Programme zu kopieren?

6 Was hat der Fachmann gemacht?
7 Wie zeigt sich Herrn Rothbauers Skepsis?
8 Haben viele Leute ähnliche Erfahrungen wie Manfred Rothbauer gehabt?

B. Fragen zur Diskussion:

1 Wie hätte Manfred Rothbauer einige seiner Probleme vermeiden können?
2 Inwieweit ist die Lage heutzutage besser geworden?

C. How do you envisage the future development of automation?

7. Aus einem Interview mit DDR-Staatschef Erich Honecker

Honecker: Es ist nicht anzunehmen, daß im Falle einer weiteren Zuspitzung der internationalen Situation die an und fur sich noch nicht ganz normalen Beziehungen zwischen der Deutschen Demokratischen Republik und der Bundesrepublik Deutschland gefördert würden. Die Aufstellung neuer Erstschlagwaffen der USA vor unserer Haustür, soviel steht schon heute fest, würde unser Bündnis zwingen, die erforderlichen politischen und militärischen Gegenmaßnahmen zu treffen. Die entsprechenden Vorbereitungen werden, wie Sie der Mitteilung des Nationalen Verteidigungsrates der DDR vom 24. Oktober 1983 entnehmen konnten, bereits getroffen. Keinesfalls wird sich also das für die Erhaltung des Friedens unerläßliche militärische Gleichgewicht zugunsten der Nato verändern. Es wäre daher besser, im Westen auf die Raketenstationierung zu verzichten.

Stern: Muß es nicht für die DDR psychologisch belastend sein, wenn neue sowjetische Raketen auf ihrem Boden stationiert werden? Wird das nicht bei der Bevölkerung ein gewisses Unbehagen auslösen?

Honecker: Ich habe schon öffentlich erklärt, daß wir selbstverständlich nicht begeistert sind von der Notwendigkeit, daß im Zuge der Gegenmaßnahmen auch Raketen auf dem Territorium der DDR aufgestellt werden. Aber gleichzeitig wird doch auch zum Ausdruck gebracht: Wenn es nicht anders geht, so werden wir auch das tun, um das ungefähre Gleichgewicht aufrechtzuerhalten. Das soll kein Gleichgewicht des Schreckens sein, sondern möglichst ein Gleichgewicht auf einer niedrigen Ebene. . . Daß unterschiedliche und auch gegensätzliche Standpunkte zutage treten, liegt auf der Hand. Wesentlich ist, daß eine große Übereinstimmung in der Sorge um den Frieden und die möglichen Belastungen besteht, zu denen es für Europa und die Beziehungen zwischen beiden deutschen Staaten kommen kann, wenn das Wettrüsten weitergeht. Man wird also weiterhin nach einem Ausweg suchen müssen.

Stern: Zu den Grundelementen Ihrer Politik gehört die Einheit von Wirtschafts- und Sozialpolitik – keine Mieterhöhungen, keine Fahrpreiserhöhungenn, subventionierte Grundnahrungsmittel. Wie lange kann es sich die DDR angesichts der veränderten ökonomischen Rahmenbedingungen noch leisten, die Subventionen aus dem Nationaleinkommen zu finanzieren? Wie denken Sie in diesem Zusammenhang vom ungarischen Wirtschaftsmodell?

Honecker: Ich darf Ihnen sagen, daß die DDR die Absicht hat, trotz der veränderten ökonomischen Rahmenbedingungen ihre vom X. Parteitag der Sozialisti-

schen Einheitspartei Deutschlands beschlossene Wirtschafts- und Sozialpolitik fortzu-
setzen. Deren Hauptinhalt besteht darin, stets ein ausgewogenes Verhältnis von
Arbeitsproduktivität und Lohn zu sichern. Der weitere Leistungsanstieg der Volks-
wirtschaft ist entscheidend für die Sicherung des erreichten sozialen Besitzstandes, für
die weitere Verbesserung des materiellen und kulturellen Lebensniveaus unserer
Bürger. Selbstverständlich hängt die Finanzierung bestimmter Sozialleistungen, zum
Beispiel auf den Gebieten des Wohnungsbaus, der Grundnahrungsmittel, der
Einzelhandelspreise, der Volksbildung und des Gesundheitswesens, mit der Entwick-
lung des Nationaleinkommens und seiner Verteilung zusammen. Wir haben die
Absicht, durch ein dynamisches Wirtschaftswachstum die Grundlagen für den hohen
Lebensstandard in der DDR zu festigen. Sicher ist Ihnen bekannt, daß wir in den
letzten Jahren beachtliche Zuwachsraten erreicht haben. Im ersten Halbjahr 1983 zum
Beispiel stiegen das Nationaleinkommen um vier Prozent und die industrielle
Warenproduktion um 4,5 Prozent bei gleichzeitiger Senkung des spezifischen
Materialverbrauchs um acht Prozent.

   Ich habe Verständnis dafür, wenn Sie fragen, wie lange sich die DDR die erwähnten
sozialen Aufwendungen noch leisten könne. Immerhin ist es bei uns so, daß die
Semmel nach wie vor fünf Pfennig kostet, die Kilowattstunde Strom für den privaten
Haushalt acht Pfennig, der Kubikmeter Gas für Kochen und Kuchenbacken 16
Pfennig, die Fahrt im Bus, in der Straßenbahn, in der U-Bahn 20 Pfennig, der Brief im
Ortsverkehr 10 Pfennig, nach auswärts zwei Groschen und der Quadratmeter
Wohnraum, meist inklusive Fernheizung, etwa eine Mark. Das sind soziale Leistungen, die durch den Fleiß unserer Menschen ermöglicht wurden. Damit können wir uns
im internationalen Vergleich durchaus sehen lassen. Über die Vollbeschäftigung bei
uns, über die gesicherte Berufsausbildung für die Jugendlichen und vieles andere mehr
habe ich gar nicht gesprochen. Was alle diese Fragen mit dem ungarischen
Wirtschaftsmodell, wie Sie sich ausdrückten, zu tun haben sollen, kann ich mir beim
besten Willen nicht vorstellen. Ungarn ist unser sozialistisches Bruderland. Es befindet
sich auf der gleichen sozialistischen Straße wie wir – modifiziert entsprechend
den nationalen Gegebenheiten. So ist das übrigens, wie Sie sehen, auch bei uns der
Fall.

(Stern)

A. *Fragen zum Text:*

1 Was müßte die DDR tun, laut Herr Honecker, wenn die USA neue Erstschlagwaffen vor ihrer Haustür aufstellen?
2 Wozu ist das militärische Gleichgewicht unerläßlich?
3 Wie ist das Empfinden Erich Honeckers über das Aufstellen von Raketen im
   Territorium der DDR?
4 Was ist der Hauptinhalt der Wirtschafts- und Sozialpolitik der DDR?
5 Was für Wachstumsrate hat die DDR 1983 erreicht?
6 Wie sind die Preise .in der DDR für, zum Beispiel, Brot, Gas, Miete usw.?
7 Wie steht die DDR im internationalen Vergleich?
8 Wie äußert sich Herr Honecker über Ungarn?

B. Fragen zur Diskussion:

1 Finden Sie dieses Interview höflich und vernünftig oder bloß propagandistisch?
2 Werden die Sozialleistungen der DDR im allgemeinen in Großbritannien aner-
  kannt?

C. Do you think the GDR gets a fair deal in the British press? Give examples.

Vocabulary

Note: a figure in brackets after a word indicates a relevant entry under 'Useful expressions' in the chapter of that number.

der	Abbau (13)	reduction
die	Abbildung	diagram, illustration
	abbrechen	to break off
	abbuchen	to debit
	abhängen (9)	to depend
das	Abitur	school-leaving examination
	abladen	to unload
	ablegen	to take (an examination)
	ablehnen	to decline, refuse
die	Abnahme (5)	final inspection, acceptance
die	Absatzmöglichkeit	sales opportunity
	abschließen	to conclude, complete
	absehbar	foreseeable
die	Absicht	purpose, intention
die	Ahnung	idea
	akzeptieren	to accept
die	Alliierten (pl.)	Allied Powers
	allmählich	gradually
die	Altersversorgung	pension scheme
	anbieten	to offer
	andererseits	on the other hand
	anderswohin	elsewhere, otherwise
	anderthalb	one and a half
die	Anfrage	enquiry
das	Angebot	tender, offer
die	Angebotsbreite	range of attractions
die	Angelegenheit	matter
	angeordnet	arranged
	angesichts	in view of, considering
der/die	Angestellte	employee (e.g. in office)
sich	ängstigen	to worry, be anxious
	anhaltend (13)	continuing
	ankündigen	to announce
die	Ankunft	arrival
	anlächeln	to smile at
die	Anlage	works, plant, installation
	Anlieger frei	parking for residents/frontages only
sich	anmelden	to report one's arrival
der	Anreiz	incentive, stimulus
die	Ansage	announcement
der	Anschein	appearance
	anscheinend	apparently
	anschließend (8)	next, then
sich	anschnallen	to fasten one's safety belt
die	Anschrift	address
	anständig	respectable
	anstatt	instead
	anstrengend	strenuous
die	Anzahl	number
die	Anzeige	advertisement
der	Arbeitgeber	employer
der	Arbeitnehmer	employee (e.g. in factory)
der	Arbeitskampf	industrial dispute
die	Atmosphäre	atmosphere
der	Aufenthalt	stay
	auffallend	striking
	aufgeschlossen	opened up
die	Aufheiterung	bright spell, clearing up (weather)
	aufladen	to load
die	Aufmerksamkeit	attention
	aufnehmen	to receive
	aufschreiben	to write down
der	Aufschwung	rise, impetus
	aufstellen	to install, set up
die	Aufstiegschancen (pl.)	promotion prospects
	aufsuchen	to seek out
der	Auftrag	commission, order, task
	auftreiben	to get hold of, hunt up
	auftreten	to occur
	aufweisen	to show, to have
	ausdrücken	to express
	auseinander	apart
	ausführen	to carry out
	ausgeben	to spend
das	Ausland	abroad
	ausrichten	to see to
	(kann ich etwas ausrichten?)	(can I take a message?)
	ausscheiden	to leave, drop out
der	Außenbezirk	outlying district
sich	äußern	to express one's opinion
die	Aussicht	prospect
	ausspucken	to spit out, spew out
	ausstatten	to equip
die	Ausstellung	exhibition
	austauschen	to exchange
sich	ausweiten	to spread
der	Autofabrikant	motor manufacturer
die	Automatisierung	automation
die	Bäckerei	bakery
	baldig	early
die	Basis	basis, foundation

die	Baustelle	road-works
der	Beamte	official, civil servant
	beanspruchen (5)	to keep fully occupied, keep busy
	beantworten	to answer
die	Bearbeitungs-station	processing point, processing station
	beaufsichtigen	to superintend, supervise
	beauftragen	to authorise, delegate
sich	bedanken	to thank
der	Bedarf	need, demand
	bedauern	to regret
	bedeckt	overcast, cloudy
	bedeuten	to mean
das	Bedürfnis	requirement, need
	beeindrucken	to impress
	beeinflussen	to influence
	befehlen	to order, command
die	Befehlszentrale	control room
	befriedigend	satisfactory
	befruchten	to fertilize
	befürchten	to fear, suspect
	begleichen	to pay, settle
das	Begleitschreiben	accompanying letter
	begreiflich	comprehensible, conceivable
	beherrschen	to be master of, fully conversant with
	beilegen	to enclose
	beitragen (6)	to promote, contribute, help
	bekanntmachen	to acquaint
die	Bekanntschaft	acquaintance
die	Belegschaft	work-force, staff
	beleuchten	to illuminate
sich	bemühen	to make an effort
	benachteiligen	to be of disadvantage to, prejudice, injure
	benutzen	to use
das	Benzin	petrol
	berechnen	to calculate, charge
der	Bereich	scope, field, area
	bereits	already
	beruhigen	to reassure
die	Besatzung	crew
	beschäftigt	employed, busy
der	Bescheid (9)	information
	bescheiden	modest
	beschmutzen	to soil, dirty
die	Besonderheit (1)	individuality, speciality
	besorgen	to procure
die	Besorgnis	anxiety, apprehension
	beständig (13)	steady, lasting
der	Bestandteil	component
die	Bestellung	order
das	Bestreben	endeavour
	betonen	to stress, emphasise

der	Betonklotz	lump of concrete
	betrachten	to consider
	beträchtlich (13)	considerable
	betragen (1)	to amount to
	betreffen	to concern
der	Betrieb	works, factory, concern, firm
der	Betriebsingenieur	works engineer
	bevölkern	to inhabit, populate
der/die	Bewerber(in)	applicant
die	Bewerbung	application
der	Bewohner	inhabitant, occupant
die	Bewölkung	cloud cover
	bewußt	conscious
die	Bezahlung	payment
die	Beziehung	connection, relationship
die	Bezugsquelle	source of supply
	biegen	to turn
die	Bindefrist	time during which prices will remain firm, period of validity
der	Bindestrich	hyphen, dash
	bisherig	previous
das	Blei	lead
der	Block	notepad
	böig	blustery
	brav	honest, upright, well-behaved
die	Buche	beech
	buchen	to book
der	Bummel	wander, stroll
die	Bundeswehr	armed forces
der	Chef	boss
das	Chlor	chlorine
das	Christentum	Christendom
	computergesteuert	computer-controlled
die	Deutsche Bucht	German Bight
das	Dickicht	thicket
	diesig	misty
das	Diktat	dictation
	diktieren	to dictate
das	Diktiergerät	dictaphone
	drehen	to turn
	dringend	urgent
	drohen	to threaten
	drüben	over there
die	Druckleistung	pressure rating
	durchführen	to carry out
der	Durchschlag	carbon copy
die	Durchwahl (4)	direct dialling to extension
	ebenfalls (7)	likewise
die	Eiche	oak
das	Eigentum	property

der Eigentümer	owner	sich entwickeln	to develop, unfold
der Einblick	glimpse	die Entwicklung	development
der Eindruck	impression	der Entwurf	sketch, draft, outline
eineinhalb	one and a half	meines Erachtens	in my judgement
der Einfall (9)	sudden idea	das Erbe	inheritance, heritage
einführen	to introduce, bring in	erbitten	to request
der Eingang	entrance; receipt	das Erdöl	mineral oil
eingehend	exhaustive, thorough	erfahren (adj.)	experienced
die Einheit	unit, unity	erfolgreich	successful
der/die Einkaufslei-ter(in)	chief buyer	erforderlich	necessary, required
		erfreut	pleased
das Einkaufsviertel	shopping centre	erfrieren	to freeze to death
einlösen	to pay, redeem, cash	erfüllen	to fulfill, comply with
einmalig	unique	sich ergeben	to result, follow, arise from
einräumen	to allow, grant		
einschlafen	to fall asleep	der Erhalt	receipt
einschließlich	including	erhöht	increased
einsehen	to realise	erkämpfen	to gain by fighting
sich einsetzen	to support, stand up for	erklingen	to sound, ring out
einstellen	to cease; to appoint	erlauben	to permit, allow
einwerfen	to insert	die Erlaubnis	permission
die Einzelheit	detail	die Erläuterung	explanation
die Eisenbahn	railway	das Erlebnis	experience, event
das Eisen	iron	erlernen	to learn, acquire by learning
ekelhaft	disgusting, loathsome		
elektronisch	electronic	ermöglichen	to make possible, bring about
die Elektrotechnik	electrical engineering		
empfindlich	sensitive	ermorden	to murder, assassinate
endgültig	final	ernähren	to feed
entfalten	to unfold	erneut	again, anew
die Entfernung	distance	ernst	serious(ly)
entfesseln	to unbind	der Ersatz	replacement
entfliehen	to run away	das Ersatzteil (6)	spare part
entgegensehen	to await, look forward to	erschlagen	to slay, strike dead
entgehen	to escape	erschöpfen	to exhaust
entkommen	to get away	erstrahlen	to radiate, shine forth
entladen	to unload	ersuchen	to request (urgently)
entlassen	to dismiss	ertränken	to drown (transitive)
entlasten	to relieve	ertrinken	to drown (intransitive)
die Entlastung	relief	erwachen	to wake up
entnehmen	to infer, gather; to withdraw	erwähnen	to mention
		erwünscht	desired
entreißen	to snatch away	das Erzeugnis	product
sich entscheiden	to make up one's mind, decide	erzittern	to tremble violently, shiver, shudder
sich entschließen	to determine, resolve, decide	exportieren	to export
entsichern	to release the safety catch	der Fahrgeldzuschuß	travel allowance
		der Fahrlehrer	driving instructor
sich entsinnen	to remember	der Fahrplan	timetable
sich entspannen	to relax	der Fall	case
die Entspannung	relaxation, détente	das Faß (12)	barrel
entsprechen	to meet, suit, correspond, match	die Fernbedienung	remote control
		das Ferngespräch	long-distance telephone call
entstehen	to originate, arise, result		
entwerfen	to sketch, draw up, draft	der Fernschreiber	telex

die	Fernsprechstelle	telephone booth
die	Fertigung (6)	production
die	Fertigungsstraße	production line
	fest	firm
die	Fichte	spruce, fir
	finanziell	financial
	finanzieren	to finance
das	Finanzzentrum	financial centre
	finster	dark, ominous
die	Firma	firm, company
	fließend	fluent
der	Flug	flight
der	Flügel	wing
der	Fluggast	(air) passenger
das	Flughafengebäude	airport terminal
der	Flugschein	ticket (air travel)
die	Fluktuation (6)	the natural fluctuation in the number of jobs in any economy
der	Föhn	warm Alpine wind
die	Förderung	advancement
die	Forschung	research
die	Fortdauer	continuation
der	Fortschritt	progress
	fortwährend	continually
	freilich	of course
	fremd	strange
	freundlicherweise	kindly
das	Fünftel	fifth (fraction)
die	Fußgängerzone	pedestrian precinct
das	Gebiet	area, field
das	Gebirge	mountain range
	gebraten	roast, grilled, fried
der	Gebrauch	use
der	Gefrierpunkt	freezing point
der	Gehaltswunsch	desired salary
das	Gehänge	slope; incline; hangings
	geheimhalten	to keep secret, keep to oneself
	geläufig	current, common
das	Geldstück	coin
	gelegen	situated; of importance
die	Gelegenheit	opportunity
	gelten	to be considered as, be valid
	genießen	to enjoy
das	Gerät	apparatus, equipment, instrument
	geräuchert	smoked
das	Gerücht	rumour
der	Gesang	singing, song
	geschäftig	busy, active
die	Geschäftsleitung	management
der	Geschäftspartner	business partner

	geschäftspolitisch	planning and organisational (objective)
	geschätzt	esteemed
das	Geschlecht	sex
der	Geschmack	taste
sich	gesellen (zu)	to join, keep company with
die	Gesundheit	health
	gewinnend	winning, charming
	gewissermaßen	to some extent
das	Glatteis	sheet ice, slippery surface
	gleichbedeutend	synonymous
	gleichfalls (7)	likewise
	glücklicherweise	fortunately
	grell	glaring, dazzling
der	Grund	cause, reason
	günstig	favourable
der	Hagel	hail
das	Halbfabrikat	semi-finished product
der	Handel	trade
	handeln	to deal, trade
die	Handhabung (6)	materials handling
die	Hängewaage	suspended scales
der	Haupteingang	main entrance
der	Hauptsitz	headquarters, head office
die	Hauptwache	police headquarters
die	Heidelandschaft	moorland
	hereinholen	to bring in, buy in
	herrschen	to govern, prevail
	herstellen	to manufacture
die	Herstellung	production, manufacture
	hervorragend	outstanding
	hilfreich	helpful
	hinarbeiten	to aim at
das	Hindernis	obstacle
sich	hinsetzen	to sit down
	hinsichtlich	with reference to
	hinweisen	to indicate
der	Hochschulabschluß	graduation
die	Höchsttemperatur	maximum temperature
die	Hummersuppe	lobster soup
die	Hündin	bitch
die	Identität	identity
	illustriert	illustrated
	imponierend	impressive
die	Industriegüter (pl.)	industrial goods
die	Inflationsrate	rate of inflation
	infolge	in consequence
	insbesondere	in particular
	insgesamt (2)	altogether
	installieren	to install

die Interstoff (-Messe) Frankfurt Textile Fair
irgendein   any(one), some(one)
irgendwie   somehow
der Irrtum   error
isoliert   isolated

das Jahrzehnt   decade
jeglich   every
jetzig (18)   present, current
das Jod   iodine

kämpfen   to fight
die Kantine   canteen
die Kapitalanlage   investment
das Kartoffelpüree   creamed potatoes
katholisch   Roman Catholic
keinerlei   no sort, no kind
das Kerngebiet (12)   heartland
klappen   to go without a hitch,
                            work out well
das Klima   climate
die Kluft   gulf, gap
knapp   barely sufficient,
                            exact(ly)
kommerziell   commercial
die Konferenz   conference, business
                            meeting
konfessionell (11)   denominational
das Königtum   kingship, royalty
die Konjunktur (13)   trade cycle, state of busi-
                            ness
der Konkurrent   competitor
die Konkurrenz   competition
die Konstruktion-   design department, dra-
    sabteilung   wing office
die Konstruktion-   workship or production
    szeichnung   drawing
die Kontaktpunkte   points of mutual interest
    (pl.)
das Konto   bank account
konzessionieren
    (13)   to grant a licence
körperlich   manual; bodily
die Kost   food
die Kranwaage   craneweigher (scales)
krönen   to crown
sich kümmern (um)   to look after, be concern-
                            ed
der Kunde   customer
kündigen   to give notice (employ-
                            ment)
künftig   future
die Kunstsammlung   art collection
das Kupfer   copper
kürzlich   recently

die Küstennebelfelder   coastal fog patches
    (pl.)

die Lage   situation
das Lager   stores, depot
auf dem Lande   in the country
die Landeskennzahl   country code (telephone)
die Landsmännin   compatriot (female)
(Was ist sie für eine   (What is her native
    Landmannin?)   country?)
die Landstraße   main road
die Landung   landing
langfristig (16)   long-term, long-range
die Lärche   larch
lauten   to read, say, go (e.g. of
                            inscriptions)
die Labensmittel (pl.) provisions, foodstuffs
der Leberknödel   liver dumpling
lecker   tasty
die Lehre   apprenticeship
die Leistung (5)   work, performance
der/die Leiter(in)   chief, head, manager
das Lichtbild   photograph
der Lieferant   supplier
lieferbereit   ready for delivery
liefern   to supply, deliver
die Liefertreue (5)   reliability of delivery
die Lieferung   delivery, supply
die Lieferzeit   delivery time
die Liste   list
sich lohnen   to be worthwhile
das Lokal   restaurant, bar, pub
lösen   to solve, resolve
die Lücke   gap
die Lungen (pl.)   lungs, lights

die Mahnung   reminder
die Mappe   briefcase
der Marktanteil   market share
das Maschinen-   typing
    schreiben
die Maschinenwerk-   machine shop
    statt
das Maß   degree, extent
die Maßnahme   measure, precaution,
                            mode of acting
merklich   noticeable
die Messe   trade fair
das Messegelände   site of trade fair
der Minderwertig-   inferiority complex
    keitskomplex
mißachten   to disregard, despise
mißdeuten   to misinterpret, miscon-
                            strue
mißfallen   to displease, offend

	mißglücken	to fail, miscarry
	mißhandeln	to do wrong, abuse
	mißlingen	to prove unsuccessful
der	Mitarbeiter	colleague
	mitbekommen	to understand
	mitteilen	to inform
das	Mittelalter	Middle Ages
	mittels	by means of
	momentan	for the moment, just now
die	Montage (6)	assembly, assembling
die	Mühe	trouble
der	Münzfernsprecher (4)	coin operated phone box
das	Muster	sample
	nachdenken	to consider
die	Nachtschicht	night-shift
	Näheres	further information
	nahestehend	closely connected with
die	Nebenstelle	extension
die	Nebenstellen-vermittlung (4)	switchboard
die	Nelke	carnation
die	Nennung	nomination
	netto	net
	neulich	recently
	niederschlagsfrei	free from precipitation (rain, snow etc.)
die	Not	necessity
	notieren	to note down
die	Null	zero, nought
	numerisch gest-euert	computer-controlled
	nützlich	useful
der	Oberprimaner	upper sixth former
	obig (18)	the above
	offenbaren	to manifest, reveal
	offensichtlich	clearly
	öffentlich	public
die	Offerte	tender, bid, offer
	ohnehin	anyhow
der	Optimismus	optimism
die	Orientierung	guidance
der	Ort	place
die	Ortsnetzkennzahl (4)	area code (telephone)
der	Passat	trade-wind
	passend	suitable
die	Pensionierung (6)	retirement
der	Personalabbau (6)	reduction in staff
die	Pflicht	duty
das	Phänomen	phenomenon
die	Phantasie	imagination
die	Pilgerfahrt	pilgrimage

das	Pils	Pilsener beer, lager
das	Plakat	poster
	planen	to plan
	planmäßig	according to schedule
die	Planung	planning
	plaudern	to chat
	pleite (1)	bankrupt
der	Produktionssektor	production department
die	Produktivität	productivity
der	Prospekt	catalogue, leaflet, bro-chure
die	Prüfung	examination
der	Quatsch	nonsense
die	Quittung	receipt
	rasen	to speed, tear
die	Rate	rate
	raten	to advise
	ratsam	advisable
der	Ratschlag	piece of advice
die	Rechnung	bill, account
die	Referenz	reference, referee
die	Regierung	government
der	Reichtum	riches, wealth
das	Reisebüro	travel agency
der	Rentner	pensioner
die	Residenz	palace, prince's residence
die	Restaurierung	restoration
die	Richtung	direction
der	Roboter	robot
der	Rohstoff	raw material
die	Rollbahn	roller conveyor
die	Rolle	rôle, part
	römisch	Roman
	rötlich	reddish
die	Route	route, itinerary
die	Rufnummer	telephone number
das	Salz	salt
das	Sauerkraut	pickled cabbage
der	Sauerstoff	oxygen
	schaffen	to accomplish
der	Schauer	shower
	scheitern	to founder, fail
der	Scherz	joke
	schicken	to send
das	Schicksal	destiny
das	Schlagwort	catchword
die	Schlagzeile (5)	newspaper headline
der	Schluß	end, conclusion
	schmackhaft	tasty
das	Schnürchen	thread
(daß alles wie am Schnürchen läuft)		(so that everything goes like clockwork)
der	Schulabgänger	school leaver

	schuldig	owing, indebted; guilty			
die	Schwebebahn	overhead railway (in Wuppertal)	der	Tischler	joiner, carpenter
			die	Tischpresse	bench press
der	Schwefel	sulphur	der	Titel	title
der	Scirocco	wind from North Africa	der	Träger	bearer
die	Sehenswürdigkeit	sight, spectacle, object of interest	der	Trend	trend
				trennen	to separate
				trocken	dry
die	Sehnsucht	longing		trübe	gloomy
die	Sekretärin	secretary (female)		tüchtig	thorough(ly)
	selbständig	independent, unsupervised	die	Tulpe	tulip
die	Selbstkosten	factory cost, cost price			
der	Selbstwählferndienst (4)	STD subscriber trunk dialling (telephone)		überbevölkert	over-populated
			der	Überblick	overview
der	Semmelknödel	bread dumpling		überdurchschnittlich	above-average
die	Sicherheit	security			
das	Silber	silver		überleben	to survive
der	Sitzplatz	seat		überlegen	to think over
der/das	Skonto	discount	die	Übernachtung	overnight stop
das	Sonderverhältnis	special relationship		übersenden	to forward, send
	sorgfältig	carefully		übersichtlich	lucid, clear, easily understood
	sowieso	in any case			
die	Speisekarte	menu		überweisen	to remit
der	Stahl	steel	die	Überweisung	remittance, transfer
die	Stahlwerke	steel works		überwinden	to overcome
die	Standardisierung	standardisation		üblich	usual
	ständig	continually		umarmen	to embrace, hug
die	Statistik	statistic		umfassen	to include
die	Steigerung	increase, augmentation, boost		umkommen	to perish, die
				umrahmen	to frame
die	Stellung	job, position	sich	umsehen	to have a look round
die	Stenographie	shorthand	der	Umstand	circumstance
die	Steuerung	control (system)		umziehen	to move house
der	Stil	style	sich	umziehen	to change clothes, get changed
der	Stillstand	standstill			
der	Stoff	material, cloth		unbeständig	changeable
die	Strecke	stretch		undenkbar	unthinkable
	streckenweise	here and there		unerläßlich (16)	indispensable
	stumpf	blunt, dull		unheimlich	uncanny
die	Subvention	subsidy	die	Universität	university
die	Süßigkeiten	sweets	die	Unnachgiebigkeit	inflexibility, intransigence
	szenisch	scenic			
				unterbreiten	to submit
der	Tagesverlauf	the course of the day		untergebracht	accommodated
	tätig	employed, active, practising	der	Unterhändler	negotiator
			die	Unterlagen	documents
die	Tätigkeit	activity		unterlaufen	to occur
	tatsächlich	actually, really	(mir ist ein Fehler unterlaufen)	(I have made a mistake)
	teilen	to share		unternehmen	to undertake
die	Teilnehmerliste	list of participants	das	Unternehmen	undertaking, concern, business
die	Telefoneinheit	telephone charge per time unit			
der	Temperaturrückgang	Drop in temperature	der	Unterschied	difference
				unterzeichnen	to sign
der	Termin	appointment, fixed time	das	Urlaubsgeld	holiday pay
die	Tertia	fifth form		ursprünglich	original

sich	verabreden	to make an appointment
sich	verabschieden	to take one's leave, say goodbye
	verachten	to despise
	verändern	to change
die	Veränderung	change, alteration
	veranlassen	to do, take the necessary steps
die	Verbesserung	improvement
	verbilligt	subsidised
die	Verbindung	connection
	verblühen	to fade, wither
	verbringen	to spend (time)
	verbunden	obliged
	verderben	to spoil, ruin
die	Vereinbarung	arrangement
	vereinfachen	to simplify
	vereinzelt	isolated
	verfügen	to have at one's disposal
die	Verfügung	disposal
der	Vergleich	comparison
das	Vergnügen	pleasure
	vergrößern	to increase
	verhaften	to arrest
	verhältnismäßig (16)	relatively
die	Verhandlung	negotiation, discussion
	verhören	to interrogate, cross-examine
	verjagen	to drive away, expel
	verjüngen	to rejuvenate
der	Verkaufsleiter	sales manager
das	Verkehrsschild	road sign
das	Verkehrszeichen	traffic sign
	verkennen	to mistake, misjudge
	verknüpft	connected
	verlangen	to desire, request
	verlängern	to lengthen, prolong
	verlaufen	to pass, elapse
sich	verlaufen	to lose one's way
	vermeiden	to avoid
die	Vermittlung	telephone exchange
das	Vermögen	wealth
	vermutlich (3)	presumably
die	Verpackung	packing
	verplaudern	to chatter (time) away
	verreisen	to go on a journey
	versäumen	to miss
die	Verschuldung	incurring debt
die	Versöhnung	reconciliation
	verspätet	late, delayed
sich	versprechen	to make a slip of the tongue
	verständlich	intelligible, clear
das	Verständnis	understanding
	vertagen	to adjourn
	vertiefen	to deepen
das	Vertrauen	confidence, trust
	vertrauenswürdig	reliable, trustworthy
	vertraut	familiar
	vertreiben	to drive away, disperse
	vertreten (1)	to represent
die	Vertretung	representation, agency
	vertrinken	to squander on drink
	verurteilen	to condemn, sentence
	verwechseln	to confuse, mix up
	verzeihen	to forgive, excuse
	verzichten	to relinquish, do without, waive
	vielerlei	many kinds of
die	Visitenkarte	business card
	völlig	completely
	vorausgesetzt	prerequisite
	vorbildlich	model, ideal, exemplary
	vorhaben	to intend
die	Vorhersage	forecast
	vorläufig	provisional
	vorlesen	to read aloud
	von vornherein	from the outset
	vorschlagen	to suggest, propose
	vorsehen	to earmark, designate, intend
der	Vorstand	board, committee
	vorstellbar	imaginable
	vorteilhaft	advantageous
	vortrefflich	excellent
	vorzeitig (6)	early, premature
	vorziehen	to prefer
das	Wachstum	growth
	wählen	to dial, choose, vote
das	Wahlfieber	election fever
	wahren	to maintain, keep safe
die	Währung (13)	currency
die	Währungsvorschriften (pl.)	currency regulations
die	Ware(n)	goods
der	Wechsel	draft, bill of exchange
	wegbringen	to pick up, collect
	wegfallen	to drop out, be omitted
	weglassen	to leave out, omit
	weitergeben	to pass on
	weiterhin	in future, from now on
	weiterleiten	to forward, pass on
	werksamtlich (5)	official (on behalf of the factory)
die	Werksanlagen (pl.)	works, factory, site, plant
die	Werkzeugmaschine	machine tool
das	Wesen	nature, character
	wesentlich (6)	substantial(ly)
	weswegen	why, on account of what

die	Wettervorhersage	weather forecast
die	Wiedervereinigung	reunification
der	Wiederverkäufer	retailer, retail dealer
die	Wirklichkeit	reality
die	Wirtschaft (13)	economy
der	Wohlstand	prosperity
	wund	sore, injured
	wunderlich (8)	strange, odd, eccentric

	zahlreich	numerous
die	Zahlung	payment
die	Zahlungsbedingungen (pl.)	terms of payment
das	Zahlungsziel (5)	time by which payment must be made
	zahm	tame
	zapfen	to pull, draw (beer)
	zart	delicate
die	Zeigerwaage	scales (pointer indicator)
	zeitig	early, in time
die	Zentrale	switchboard
	zerbrechen	to shatter, break into pieces
	zerpulvern	to pulverize
	zerstören	to destroy, demolish
	zerteilen	to divide, break up
	zertreten	to trample under foot
das	Zeug	stuff

die	Zeugnisabschrift	copy of examination certificate
die	Zinsen (pl.)	interest
die	Zinsherabsetzung (13)	drop in interest rates
der	Zoll (13)	customs duty
der	Zucker	sugar
die	Zufriedenheit	satisfaction
die	Zugangsziffer (4)	entry code (long-distance telephoning)
	zugegeben (15)	granted, admittedly
	zugesandt	enclosed
die	Zugrundelegung	basis
	(unter Zugrundelegung + gen.)	(taking. . . as a basis)
	zunächst	first
	zuhalten	to hold closed
	zurückbleiben	to lag behind, fall behind
die	Zusammenarbeit (18)	co-operation
der	Zusammenbruch (18)	collapse
die	Zusammenkunft	meeting
	zuschicken	to send
	zuverlässig	reliable
	zweifellos	without doubt
die	Zweigstelle	branch office
der	Zwilling	twin
	zwischendrin	in between, among